Sergio Antonio Capone

Lo pseudo-Dionigi tra tardo Antichità e Medioevo

AF535682

Sergio Antonio Capone

Lo pseudo-Dionigi tra tardo Antichità e Medioevo

Il De coelestis hierarchia e l'Expositiones in ierarchiam coelestem

Edizioni Sant'Antonio

Imprint

Any brand names and product names mentioned in this book are subject to trademark, brand or patent protection and are trademarks or registered trademarks of their respective holders. The use of brand names, product names, common names, trade names, product descriptions etc. even without a particular marking in this work is in no way to be construed to mean that such names may be regarded as unrestricted in respect of trademark and brand protection legislation and could thus be used by anyone.

Cover image: www.ingimage.com

Publisher:
Edizioni Accademiche Italiane
is a trademark of
International Book Market Service Ltd., member of OmniScriptum Publishing Group
17 Meldrum Street, Beau Bassin 71504, Mauritius

Printed at: see last page
ISBN: 978-613-8-39118-0

Copyright © Sergio Antonio Capone
Copyright © 2018 International Book Market Service Ltd., member of OmniScriptum Publishing Group
All rights reserved. Beau Bassin 2018

Lo pseudo-Dionigi tra tardo Antichità e Medioevo

A gloria di Dio

Ai miei genitori

Ai miei nonni

A Pasquale

Sigle e Abbreviazioni

Fonti

CCCM	Corpus Christianorum, ser. Continuatio Mediaevalis, Tipographi Brepols Editores Pontificii, 1966-.
PG	Patrologiae cursus completus, ed. J. P. MIGNE, ser. Graeca, Paris I, 1857 - 167, 1866; indici I, 1928 - 2, 1936.
PL	Patrologiae cursus completus, ed. J. P. MIGNE, ser. Latina, Paris I, 1844 - 167, 1866; indici I, 1928 - 2, 1936.
SCh	Source Chretiennes, ed. Italiana promossa da Edizioni S. Clemente – Edizioni Studio Domenicano, Bologna 2010-.

Corpus Dionysiacum

CH	*De coelestis hierarchia*
EH	*De ecclesiastica hierarchia*
DN	*De divinis nomibus*
MT	*De mystica theologia*
Ep.	*Epistolae*

Altre abbreviazioni:

a.C.	avanti Cristo
d.C.	dopo Cristo
cap. (capp.)	capitolo (capitoli)
cur. (curr.)	curatore (curatori)
cf.	confronta
n.	numero
sec. (secc.)	secolo (secoli)

Introduzione

Quando ci si trova davanti ad opere il cui autore è anonimo o addirittura presentato dietro l'autorevolezza di qualche altro personaggio, collegato a grandi uomini[1], si resta da una parte perplessi nel ricercare i motivi di tale espediente letterario, dall'altra questo permette al lettore di elaborare più di un'interpretazione, per comprendere il reale intento del testo, andando al di là delle parole stesse.

Uno degli scritti che ha avuto una notevole "fortuna" nel pensiero latino occidentale è il *Corpus Dionysiacum*, il cui autore scrive intorno al VI sec., attribuendosi l'identità di Dionigi, pagano convertito al cristianesimo dopo la visita di Paolo alla città di Atene[2]. Qui Paolo aveva sperimentato il fallimento della sua predicazione ai greci[3], e presentare l'adesione di fede di Dionigi sembra essere stato quel tentativo di riscatto, a distanza di secoli, sancendo così una delle basi più significative della tradizione Alto-Medievale.

La fede cristiana, che ebbe ad incontrarsi e scontrarsi[4] con la cultura e la religione di un *oikumene* esteso e vasto, si configurò come emblema di quella universalità che

---

[1] È proprio il caso del *Corpus Dionysiacum*, il cui autore si presenta come prete, confratello di Timoteo, istruito dal divino Paolo con cui ha stretti rapporti e con persone a lui legate, come Giovanni (CH 1).

[2] Cf. *Atti degli Apostoli* 17, 32-34: «Quando sentirono parlare di risurrezione di morti, alcuni lo deridevano, altri dissero: "Ti sentiremo su questo un'altra volta". Così Paolo uscì da quella riunione. Ma alcuni aderirono a lui e divennero credenti, fra questi anche Dionigi membro dell'Areopago, una donna di nome Dàmaris e altri con loro». Questi scritti comparvero per la prima volta nel 528, in un'opera di Severo di Antiochia e nel 531 intervennero nella polemica tra calcedonesi e severiani. La lettura che ne fece Massimo il Confessore, uno degli ultimi Padri greci, ne assicurò l'autenticità garantendone l'attribuzione a Dionigi, santo e giudice dell'Areopago di Atene.

[3] Gli interlocutori di Dionigi sono i greci, a cui l'autore vuole presentare chi è Dio e chi è Gesù Cristo. Lo fa «senza tradire la fede della chiesa, ma anche usando la loro concezione filosofica»: E. BELLINI, *Saggio introduttivo* in PORFIRIO, *Vangelo di un pagano*, a cura di A. R. Sodano, Bompiani, Milano 2006, p. 55.

[4] Cf. G. FILORAMO, *La croce e il potere. I cristiani da martiri a persecutori*, Laterza, Bari 2011. L'autore racconta la storia del cristianesimo fatta di conflitti sempre più violenti tra i seguaci pagani e cristiani, di divisioni interne ai vari gruppi, fino a quando la religione cristiana "cattolica" resta l'unico potere religioso dell'impero; cf. *ibid.*, p. 56: «Settant'anni, e la Chiesa da perseguitata si trasforma in Chiesa di Stato. Settant'anni, e la croce si trasforma in simbolo di vittoria e potere». Una sintesi interessante della politica costantiniana e la ricerca del consenso della Chiesa, il

aveva mosso nelle intenzioni l'impero romano, erede di quella sapienza greca che era stata faro di cultura e sapere: «Graecia capta ferum victorem cepit»[5].

I cristiani, non seguendo i *mos maiorum*, si isolano da un punto di vista politico e anche religioso:

> il disconoscere le antiche istituzioni, come si diceva, significava disconoscere il carattere sacro della *civitas*, sede degli dei che ne sono i protettori; è rifiutare di prestare il culto dovuto, funzione nello stesso tempo religiosa e civile esercitata dai magistrati in quanto sacerdoti[6].

L'imperatore è anche Pontefice Massimo, segno di unità del suo popolo. Questo produce anche l'affermazione di una

> fondazione della libertà di coscienza che si connette al riconoscimento del valore di ogni singolo, ossia con il riconoscimento che nell'uomo vi è qualcosa che si sottrae ad ogni ingerenza umana, anche a quella della *res publica* nella misura in cui si sacralizza il potere[7].

Nel *ΠΟΡΦΥΡΙΟΥ ΦΙΛΟΣΟΦΟΥ ΠΡΟΣ ΜΑΡΚΕΛΛΑΝ*, lettera che Porfirio indirizza a Marcella, vedova già avanti negli anni, vedova con sette figli, con cui intesse un "dialogo spirituale", si comprende come

> dal punto di vista dottrinale i punti-chiave che dividevano nettamente i Cristiani dai Neoplatonici erano soprattutto due: la concezione di Cristo come Dio fattosi uomo da un lato, e la nuova concezione del corpo come essenziale all'uomo, con la connessa concezione della "risurrezione del corpo", dall'altro. Sul primo punto Agostino ci informa bene. Porfirio (come del resto altri Neoplatonici) riteneva Cristo uomo piissimo divenuto immortale, ma non Dio[8].

---

progresso del cristianesimo entro e fuori i confini dell'impero, con una prospettiva tra Oriente e Occidente è data da: P. SINISCALCO, *Il cammino di Cristo nell'impero romano*, Laterza, Roma-Bari 2009.

[5] ORAZIO, *Epistole*, II, 1, 156.

[6] P. SINISCALCO, *Il cammino di Cristo nell'impero romano*, p. 66.

[7] *Ibid.*, p. 72.

[8] G. REALE, *Presentazione* in PORFIRIO, *Vangelo di un pagano*, IX.

Configurandosi come il suo testamento spirituale, la *Lettera a Marcella* è il tentativo del filosofo neoplatonico Porfirio di «dimostrare che il Cristianesimo non innova nulla, anzi attinge dalla dignità, dall'austerità etica e dall'ascesi della cultura greca»[9].

Il *Corpus Dionysiacum*, come se fosse la sezione di un piccolo scavo archeologico, si presenta denso di riferimenti alla filosofia neoplatonica, nonché a tradizioni locali.
L'autore, che per comodità continueremo a chiamare, come fa la storiografia tradizionale, pseudo-Dionigi, dà prova di conoscere i diversi argomenti trattati (filosofia, liturgia), con una certa abilità stilistica e retorica. Egli offre a qualsiasi lettore che si accinga a leggere le sue opere una visione a tutto tondo di come il cristianesimo, sin dalle sue origini, si sia servito di un'operazione di "sintesi" del sapere greco, in particolare di quella filosofica neoplatonica[10]. Infatti, l'inculturazione cristiana rappresenta quel processo per cui un movimento di pensiero, un sistema filosofico o religioso si adegua alle varie componenti di una determinata cultura, assumendone i costumi, la lingua, e valori[11]. Quest'operazione è stata ampiamente praticata dalla Chiesa nell'Antichità e nel Medioevo.

La riflessione sulla Chiesa, e in generale sul divino, «furono portate avanti nelle diverse scuole della filosofia antica»[12]. Le esigenze e i bisogni del cristianesimo primitivo si manifestarono in una

> letteratura specifica che, come ad esempio i Vangeli e gli scritti apocrifi degli apostoli, nonché alcuni scritti dei Padri apostolici, richiedevano una fede semplice in Gesù Cristo e si occupavano per il resto di questioni della pratica cristiana di vivere, della liturgia e dell'ordinamento della comunità[13].

---

[9] È la tesi sostenuta da Angelo Raffaele Sodano nella traduzione che ne fa per Bompiani: PORFIRIO, *ibid.*, VII-XIV.

[10] Per le attribuzioni del *Corpus*: cf. C. MORESCHINI, *Storia del pensiero cristiano tardo-antico*, Bompiani, Milano 2013, p. 1237; cf. C. M. MAZZUCCHI, *Saggio integrativo* in DIONIGI AREOPAGITA, *Tutti gli scritti*, a cura di P. Scazzoso ed E. Bellini, Bompiani, Milano 2009.

[11] Cf. s.v. *inculturazione* in http://www.treccani.it/enciclopedia/neoplatonismo/ [accesso: 21.02.2018].

[12] M. FIEDROWICZ, *Teologia dei Padri della Chiesa. Fondamenti dell'antica riflessione cristiana sulla fede*, Queriniana, Brescia 2010, p. 11.

[13] *Ibid.*, p. 12.

È interessante notare come la riflessione sulla Chiesa – che il cristianesimo primitivo operò – è già manifesta nell'azione liturgica dei cristiani, anche se non in maniera sistematica, ma solo come prassi, che andava via via consolidandosi a livello locale. Proprio per questo, all'interno del *Corpus*, sono interessanti i diversi riferimenti che lo pseudo-Dionigi fa alla liturgia e alla gerarchia della Chiesa.
Per questo si può ben parlare di sintesi tra pensiero neoplatonico e cristianesimo, denominando questi scritti come uno dei "manifesti" del platonismo cristiano[14].

Il *Corpus* è composto da quattro opere: *De coelesti hierarchia*, *De ecclesiastica hierarchia*, *De divinis nomibus* e *De mystica theologia*, insieme a dieci lettere. All'interno di questi scritti vengono fatti riferimenti ad altre opere dello stesso autore, come ad esempio il *De symbolica theologia*.

Il testo forse più commentato nel corso dei secoli, oltre ai *Nomi divini*, è stato il *Περὶ τῆς Οὐρανίας Ἱεραρχίας* [= CH], il cui pensiero teologico è un punto di riferimento per buona parte dei pensatori medievali occidentali[15]. La teologia negativa, che ha i suoi inizi già in Platone[16], che si sviluppa in Filone di Alessandria[17] e viene portata in primo piano da Plotino e successivamente da Proclo e Damascio, occupa buona parte dell'opera.
All'inizio si afferma la necessità dell'unione dell'uomo a Dio[18], delineando così una duplice via: la conoscenza filosofica e la contemplazione mistica. Da una parte

> quella che procede in orizzontale, ossia quella filosofica e dimostrativa, che è relativa alla trasmissione storica della tradizione (…) e dall'altra, quella che procede in verticale, indicibile e mistica, simbolica e rituale, (…) che eleva

[14] Cf. S. Lilla, *Dionigi l'Areopagita e il platonismo cristiano*, Morcelliana, Brescia 2005.

[15] Cf. B. R. Suchla, *La teologia filosofica di Dionigi l'Areopagita e la sua recezione nell'occidente latino* in I. Biffi – C. Marabelli (curr.), *Fondamenti e inizi (IV-IX secolo),* Jaca Book-Città Nuova, Milano-Roma 2009, pp. 241-249. Tra i Commentari più importanti si ricordano il *Corpus Anastasianum* e il *Corpus Pariense* (metà XIII sec.).

[16] Sono diversi i riferimenti a Platone all'interno della *Περὶ τῆς Οὐρανίας Ἱεραρχίας*, come ad es. CH II, 140 D (Platone, *Repubblica* 509 b).

[17] Cf. M. Simonetti – E. Prinzivalli, *Letteratura cristiana antica*, I, Piemme, Casale Monferrato 1996, pp. 212-225.

[18] Cf. CH I.

anagogicamente l'anima ai misteri divini secondo una modalità che trascende il cosmo e conduce alla perfezione [19].

Si passa successivamente dal sensibile all'intelligibile. Le cose sensibili non possono essere fonte di alcuna scienza che possieda una certa consistenza, così come le cose meno perfette non possono essere origine e causa di quelle perfette, cioè soprasensibili[20]. Per questo

> Dionigi qualifica le realtà concrete, che operano semioticamente rimandando alla dimensione angelico-divina, sia come simboli, sia come immagini; i due termini, che risultavano connessi già nella dottrina procliana, divengono nel *corpus* dell'Areopagita pressoché sinonimi[21].

Il "simbolo", centrale nelle pagine della CH, diviene la "buona sorte" nell'Occidente latino con Giovanni Scoto e la sua *Expositiones in ierarchiam coelestem*, in cui vengono commentate le due accezioni di simbolo, quella intelligibile e quella sensibile.

Questo percorso, che abbraccia diversi secoli, unisce idealmente due personaggi: l'autore Anonimo del *Corpus Dionysiacum* e l'irlandese Giovanni Scoto del IX sec. d.C., i quali, seppur lontani nel tempo, sono vicini per la riflessione e l'ampliamento di quelle intuizioni che faranno la "fortuna" del Medioevo.

Confrontando nel presente lavoro il *Περὶ τῆς Οὐρανίας Ἱεραρχίας* e l'*Expositiones in ierarchiam coelestem* si tracceranno i modelli di filosofia e teologia che trovarono ampia diffusione nell'Occidente latino Medievale, rappresentando un modello di ricerca e pensiero: come pensare insieme la trascendenza divina, assoluta, e l'immanenza delle creature in relazione ad essa, in un sistema filosofico-teologico che salvaguardi la libertà delle creature e l'inconoscibilità del Creatore.

---

[19] E. S. MAINOLDI, *Dietro 'Dionigi l'Areopagita'. La genesi e gli scopi del* Corpus Dionysiacum, Città Nuova, Roma 2018, p. 365.

[20] Cf. CH II, 4-5.

[21] F. PAPARELLA, *Le teorie neoplatoniche del simbolo: il caso di Giovanni Eriugena*, Vita e Pensiero, Milano 2008, p. 12.

Capitolo I

IL NEOPLATONISMO E LO PSEUDO-DIONIGI

Con il termine "neoplatonismo" si indica l'ultima fase della tradizione platonica antica che inizia nel III sec. d.C. con Plotino e termina nei primi decenni del VI sec. d.C. con Damascio. Questi filosofi si consideravano interpreti diretti di Platone,

> genuini portavoce del pensiero platonico e non i suoi "innovatori" (...) interpreti più fedeli del pensiero platonico e, in generale, dell'intera tradizione filosofica greca, di cui la dottrina di Platone rappresentava il momento più alto e significativo[22].

Il filosofo capostipite di questa tradizione fu Ammonio Sacca, che raccolse attorno a sé numerosi discepoli, tra i quali Erennio, Longino, Origene e Plotino. Nell'ambito di questa tradizione si parla di periodi diversi, individuabili in diverse fasi:

1. Iniziale (Plotino e Porfirio)
2. Centrale (Giamblico)
3. Finale (Plutarco di Atene e Damascio)

Plotino «è considerato l'iniziatore della tradizione neoplatonica: a lui si deve l'elaborazione dei cardini concettuali, metafisici-teoretici, su cui si sviluppa il Neoplatonismo»[23]. Nelle *Enneadi* parla di tre ipostasi, realtà effettive ed autonome, da cui dipende la struttura profonda del reale: Uno-in-sé, Intelletto, Anima. L'uomo deve ritornare all'Uno per sfuggire dal contingente, allontanandosi dal male.

Giamblico, istituendo un *curriculum*[24] di studi, rielaborò le ipostasi plotiniane alla luce della tradizione filosofica pitagorica, attingendo alla teurgia[25] e alla filosofia

---

[22] M. ABBATE, *Tra esegesi e teologia. Studi sul Neoplatonismo*, Mimesis, Milano 2012, p. 13.

[23] ID., *Saggio introduttivo I*, in PROCLO, *Commento alla Repubblica di Platone. Dissertazioni I, III-V, VII-XII, XIV-XV, XVII*, a cura di M. Abbate, Bompiani, Milano 2014, XIV.

[24] Al commentatore neoplatonico si sottoponevano, sotto la guida del maestro, alcune opere che avevano l'obiettivo di istruirlo dal punto di vista morale, per dare avvio ad una sorta di "purificazione" dell'anima dello scolaro. Le opere erano: *Versi d'oro* pitagorici ed il *Manuale* di Epitteto. Il secondo momento comprendeva le opere di Aristotele, che offrivano gli strumenti logici

misterica (Oracoli Caldaici). Il connubio tra pitagorismo e platonismo trova in Giamblico una integrazione definitiva:

> quel progetto di una trattazione sistematica del pitagorismo che valesse anche come trattazione sistematica del platonismo (...) e non si può trascurare l'idea-cardine di una convergenza tra le due dottrine che rimarrà fattore determinante e qualificante di tutte le costruzioni neoplatoniche della tarda antichità[26].

Con Giamblico si assiste all'esempio più evidente di quell'operazione complessa e sistematica che caratterizzò il pensiero tardo antico: ridurre ad unità le diverse branche filosofiche per via di una loro gerarchizzazione, fondata sulla reale e ordinata disposizione verticale culminante nella teologia, intesa come "scienza delle scienze"[27].

---

indispensabili per l'attività speculativa ed esegetica. Si studiavano le *Categorie* (precedute dalla lettura dell'*Isagoge* di Porfirio). «Le opere logiche aristoteliche costituivano i "piccoli misteri" che servivano ad introdurre ai "grandi misteri", ovvero ai Dialoghi di Platone nei quali era racchiusa l'autentica verità divina» (M. ABBATE, *Saggio introduttivo I*, XIX). Il discepolo – ormai pronto – giungeva al "canone", che comprendeva dodici dialoghi platonici suddivisi in due cicli di dieci e due letture. Il primo ciclo comprendeva inizialmente tre opere di filosofia pratica: *Alcibiade Maggiore, Gorgia, Fedone*; in seguito, lo studente affrontava sette scritti di natura teoretica: *Cratilo, Teeteto, Sofista, Politico, Fedro, Simposio, Filebo*. Il secondo, cui accedevano solamente gli studenti più capaci, consisteva nello studio dei due grandi dialoghi teoretici: il *Timeo* e il *Parmenide*. Mentre il primo dialogo delinea la natura del cosmo e degli esseri che lo popolano, il secondo viene interpretato come la descrizione, a partire dal Primo Principio assolutamente trascendente ("prima ipostasi" del *Parmenide*), delle ipostasi nelle quali si sviluppa il reale. Questi due Dialoghi rappresentavano il vertice dell'itinerario.

[25] La virtù teurgica (cf. simpatia stoica) permette di entrare in contatto col divino, agendo e operando in modo divino. Questa è concepita come gerarchicamente superiore a tutte le altre virtù. Coincideva con la capacità di riunirsi al Divino. Proclo, per raggiungere questa unione, si affida alle pratiche teurgiche in vari modi, nutrendo una sicurezza della loro efficacia.

Cf. M. ABBATE, *Saggio introduttivo I*, XIV: «A lui si deve una notevole rielaborazione del sistema delle ipostasi che, anche alla luce di un recupero della tradizione filosofica pitagorica, vengono moltiplicate nel tentativo di mediare tra l'assoluta ed indeterminata trascendenza del Primo Principio e la determinatezza del reale in tutte le sue diverse articolazioni (intelligibili e sensibili)».

[26] F. ROMANO, *Introduzione*, in GIAMBLICO, *Summa pitagorica*, a cura di F. Romano, Bompiani, Milano 2012, pp. 51-42.

[27] Questo aspetto sarò importante, non solo nella tradizione che fa capo allo pseudo-Dionigi, ma anche a tutta la tradizione filosofica medievale fino a Tommaso d'Acquino.

A questa seconda grande corrente

> impronta a spirito religioso e teurgico, appartiene la scuola di Pergamo, che si riconnette alla scuola di Siria attraverso la figura del suo fondatore, Edesio, scolaro di Giamblico. L'interesse per la sfera religiosa diventa qui prevalente, e la preoccupazione di giustificare le credenze religiose tradizionali si traduce in una decisa difesa del politeismo antico[28].

Proclo e Damascio, esponenti della Scuola di Atene[29], si cimentarono nel tentativo di formare i futuri esegeti e continuatori di Platone. «Si può considerare il Neoplatonismo antico nel suo complesso, ed in particolare quello tardo-antico, come una filosofia quasi interamente incentrata soprattutto sull'esegesi dei dialoghi di Platone»[30]. Con l'interesse metafisico, si accentuò l'attenzione verso l'aspetto scientifico, favorendo lo sbocciare di indagini matematiche e naturalistiche. Interpretare, per il filosofo neoplatonico, significava «individuare ciò che in un autore rimane velato o non-detto, poiché proprio nel significato più riposto si cela la verità di un testo»[31]. L'attività fondamentale della scuola divenne l'esegesi:

> il maestro offre ai suoi discepoli un commento e un'interpretazione dei testi classici. Dal vivo insegnamento e dal continuo dialogo con i discepoli nascono e si consolidano prospettive teoretiche che giungono a formare un organico e complesso sistema filosofico, sempre fondato comunque su quanto i grandi del passato avevano affermato e sostenuto nelle loro opere[32].

---

[28] S.v. *neoplatonismo* in http://www.treccani.it/enciclopedia/neoplatonismo/ [accesso: 21.02.2018].

[29] Questo periodo rappresenta una "rinascita" dell'Academia platonica. Insieme al Liceo di Aristotele e ad altre Scuole, in seguito al Sacco di Atene di Silla (86 d.C.), l'Accademia interruppe la sua attività. Nel 529 d.C. venne definitivamente chiusa, a seguito dell'Editto dell'imperatore bizantino Giustiniano (482 – 565), che vietava l'insegnamento pubblico ai pagani.

[30] M. ABBATE, *Tra esegesi e teologia. Studi sul Neoplatonismo*, p. 21.

[31] ID., *Saggio introduttivo I*, XVIII.

[32] *Ibid.*

L'evoluzione teologica dei Padri greci è parallela a quella neoplatonica sui principi[33]. La speculazione sulla dottrina delle ipostasi e dei diversi livelli metafisici del Bene-Uno, da Plotino a Damascio, segue un cambiamento sostanziale del Primo Principio: «l'Uno di Porfirio non è più l'Uno di Plotino, anche se mantiene ancora alcune delle caratteristiche del Primo Principio plotiniano»[34].

Metafora solare (Primo Principio)[35]		
PLOTINO	PROCLO (Teologia platonica)	DAMASCIO
Essere e Pensiero Origine, fondamento autentico della verità. Trascende ogni possibilità di determinazione perché autenticamente ineffabile	Al di là dell'essere e (causa) verità Ulteriorità del Primo Principio, pura e assoluta differenza	Il Primo Principio è totalmente ineffabile È inconoscibile, concepito come abisso. Il Principio trascende anche sé stesso, offrendosi al discorso e al pensiero attraverso l'aporia

Plotino, Proclo e Damascio sembrano gareggiare nel tratteggiare il grado di trascendenza più alto, concepibile per il pensiero, del Primo Principio.

La teologia dello pseudo-Dionigi riprende quella dei Padri, ma allo stesso tempo prende come riferimento alcune dottrine e immagini da Plotinio, Porfirio, Proclo e Damascio.

La filosofia neoplatonica è attraversata da rapporti quali uno-molti, molteplicità degli enti-unicità del principio.

---

[33] «Clemente di Alessandria dipende strettamente non solo da Filone, un precursore del neoplatonismo, ma anche dal medioplatonismo (manifestava la volontà di rifarsi al testo dei Dialoghi di Platone non un metodo esegetico, orientato alla trascendenza) e dal neoplatonismo dei primordi. La teologia di Origene è influenzata tanto dal medioplatonismo, che si riflette negli insegnamenti di Ammonio e Plotino. Le tre ipostasi di Plotino e della fase plotiniana del pensiero di Porfirio vengono apertamente paragonate da Eusebio di Cesarea, Didimo di Alessandria, Cirillo di Alessandria e Teodoreto di Ciro alle tre persone della Trinità cristiana»: S. LILLA, *Dionigi l'Areopagita e il platonismo cristiano*, Morcelliana, Brescia 2005, p. 41.

[34] S. LILLA, *Dionigi l'Areopagita e il platonismo cristiano*, p. 41.

[35] Contenuti tratti ed adattati da: M. ABBATE, *Tra esegesi e teologia. Studi sul Neoplatonismo.*

1.1. Proclo e il suo sistema

La metafisica neoplatonica è definita "henologia", ovvero "dottrina dell'Uno": «dall'Uno derivano e procedono i molti ed all'Uno fanno ritorno»[36]. La nozione stessa di molteplicità include quella di unità: «i molti non potrebbero esistere senza l'Uno, in quanto i molti sono essi stessi unità e sono ricondotti alla più generale unità del molteplice. Da ciò consegue (...) che il molteplice presuppone l'unità e di essa risulta necessariamente e intrinsecamente partecipe»[37].

Secondo caposaldo è l'identificazione neoplatonica fra l'Uno e il Bene: «l'unità è ciò che fa sussistere ed al contempo "mantenere integro" l'essere di ogni singolo e determinato ente; dunque l'unità, come il bene, è ciò cui tutte le cose tendono»[38].

Da qui ne consegue la struttura gerarchica del reale che governa e nello stesso tempo individua l'essenza vera del reale, scandita nei suoi vari livelli da un preciso schema ipostatico. Proclo, circa la realtà dell'icorporeo – che si ritroverà nella *hierarchia* dionisiana – distingue: l'Uno, quale fonte di tutte le Divinità; le Enadi, dei supremi; il *Nous*, l'Intelletto; l'Anima, intrinsecamente collegata a quest'ultimo, ma ad essa gerarchicamente inferiore, che si articola in:

1. Anime divine (dei psichici)
2. Anime demoniache (Angeli, Demoni, Eroi)
3. Anime parziali

Questa tripartizione e le successive distinzioni in complessi sistemi gerarchici di divinità[39] è un'operazione analoga che lo stesso pseudo-Dionigi fa nella sua opera.

---

[36] ID., *Saggio introduttivo I*, XXXI.

[37] *Ibid.* L'autore, nel suo saggio, fa poi riferimento agli *Elementi di teologia* di Proclo, opera che permette di analizzare la natura dell'Uno e il suo rapporto con il molteplice.

[38] *Ibid*, XXXIV.

[39] *Ibid*, XXXV: «Rispetto a questa struttura ipostatica Proclo ne propone una assai più complessa e articolata. La successione delle ipostasi è a sua volta scandita da strutture intermedie (...) al fine di rendere la processione degli enti dall'Uno continua ed armonicamente distribuita nei vari livelli entro cui si dispiega il reale». Per le modifiche che Proclo apporta al suo sistema si veda: cf. *ibid*, XXXVI.

1.2. La *Teologia Platonica* di Proclo

1.2.1. La via negativa

La *Teologia* dello scolarca di Atene del V sec. d.C. si può considerare la «summa complessiva della filosofia tardo-neoplatonica e l'ultima opera sistematica della metafisica e della teologia pagane»[40]. Obiettivo dell'opera è quello di realizzare una sintesi equilibrata ed unitaria tra il Platonismo e la tradizione religiosa greca.

Nel primo libro della *Teologia* Proclo presenta la propria interpretazione del *Parmenide*, chiarendo in particolare come egli intenda la prima ipotesi: "se l'*Uno* è". Egli intende la prima ipotesi in senso metafisico, quale sviluppo «del Principio degli enti che trascende l'essere, l'ineffabile, l'inconoscibile e al di là di ogni ente»[41]. Dalla questa consegue, nell'argomentazione platonica, la negazione di ogni attributo all'Uno: esso si trova in nessun luogo come in nessun tempo, non patisce mutamento alcuno, non è identico né diverso da se stesso né da altro, né simile né dissimile. Esso non è in alcun modo e quindi «non ha nome, né discorso, né scienza, né sensazione, né opinione (...) Non si può nominarlo, né farlo oggetto di discorso, né di opinione, né di conoscenza, e nessuna delle cose che sono hanno sensazione di lui»[42].
L'*Uno è Uno*: questo secondo Proclo e questa è la prima ipotesi. Di essa non si può dare alcuna predicazione categoriale: non si può dire che l'Uno è questo o quello. Se si vuole pensare il Principio nella sua radicale semplicità, gli si deve negare qualsiasi attributo, anche quello dell'essere. Se l'*Uno è* (se è Uno assoluto) siamo costretti ad ammettere che l'*Uno non è* (è oltre l'essere stesso, è super-essere).
Come evidenziato nella metafora solare, l'Uno procliano è trascendente anche rispetto all'essere di cui è causa: «è dunque la causa degli enti tutti al di là dell'essere tutto quanto; separabile da ogni esseità, non possiede l'essere e non lo possiede nemmeno come attributo; quest'aggiunta infatti è diminuzione della semplicità dell'Uno»[43]. Infatti

> il Primo Principio, proprio in quanto origine assolutamente trascendente sia rispetto all'essere sia rispetto al pensiero sia rispetto alla verità, non può non

---

[40] M. ABBATE, *Il divino tra unità e molteplicità. Saggio sulla Teologia Platonica di Proclo*, Edizioni dell'Orso, Alessandria 2008, p. 8.

[41] PROCLO, *Theologia Platonica*, I, 10, 42, 1-2.

[42] PLATONE, *Parmenide*, 142a, 3-6.

[43] PROCLO, *Theologia Platonica*, II, 2.

venire definito e conosciuto: per questo motivo la Causa della totalità del reale risulta originariamente indicibile per ogni forma di discorso, ed inconoscibile per ogni forma di conoscenza[44].

Le vie che conducono all'Uno sono due: la prima è la via dell'analogia, della similitudine, per la quale il pensiero s'incammina seguendo le tracce che l'Uno lascia di sé nella molteplicità. Il Principio è Uno (*Parmenide)* perché da esso tutto è causa di ogni molteplicità. Il Principio è Bene (*Repubblica*) perché tutto tende a ritornare verso di esso.

Il discorso catafatico risulta essere però inadeguato per esprimere e gettare luce sull'intima essenza dell'Uno e per questo Proclo introduce una seconda via di avvicinamento al Principio: la via negativa, o apofatica. Teologia apofatica è il discorso su Dio che parte dall'irriducibile alterità rispetto agli enti, rispetto ai quali esso si caratterizza come loro nulla. «Il metodo delle negazioni rivela come l'Uno non possa essere identificato con nessuna delle realtà che da esso derivano: in base a tale metodo l'Uno viene descritto come "assolutamente altro" rispetto al "Tutto"»[45].

---

[44] M. ABBATE, *Il divino tra unità e molteplicità. Saggio sulla Teologia Platonica di Proclo*, p. 167.

[45] È interessante, a proposito dell'uso del "superlativo" nel linguaggio, mettere in parallelo lo stile dello pseudo-Dionigi e quello del filosofo irlandese Giovanni Scoto. L'uso del superlativo è una delle caratteristiche più evidenti ed originali dello stile dell'Areopagita. «La speculazione teologica dell'autore, tendendo con continuo e massimo sforzo al sublime, esigendo perciò un linguaggio adeguato, è contraddistinta da una esposizione caratteristica in cui è frequentissimo l'uso del superlativo in tutti i suoi aspetti e in tutte le sue forme: esso vi è foggiato con suffissi o prefissi, per mezzo dell'accostamento di due o più aggettivi con endiadi o ripetizioni, con avverbi o con composti, in una grande varietà di nessi e scritture»: P. SCAZZOSO, *Valore del superlativo nel linguaggio pseudo-dionisiano*, in *Aevum* 32 (1958), p. 435. I superlativi assoluti sono quelli più numerosi soprattutto nella trattazione delle due Gerarchie (Cf. CH 140 B, 6; CH 124 A, 3; EH 433 C, 7; EH 401 C, 5). Ad esempio «la parola *εὐχαριστὶα* non si trova mai ad essere pronunciata inaspettatamente da sola, ma sempre viene preceduta da un superlativo *θειοτάτη* (...). Lo pseudo-Dionigi associando sempre un superlativo a tale parola, ma nello stesso tempo variandolo in sinonimi, dimostra come l'attributo fosse da lui considerato necessario, ma anche come esso non fosse ancora fissato liturgicamente e quindi conservasse intatta una sollecitazione a mediarne il significato (...)» (*Ibid,* p. 437). Gli avverbi relativi, nel *Corpus* areopagita, sono meno numerosi di quelli assoluti.

Nel *Periphyseon* di Giovanni Scoto l'autore, partendo da ciò che è pensabile (le cose che sono e che non sono), la "natura", procede per divisione in quattro "specie". La prima di queste introduce il concetto di "teologia superlativa". Infatti, la "natura che crea e non è creata" riguarda la divisione di ciò che spetta al senso corporeo, cercando una sintesi tra teologia positiva e negativa, giungendo

Alla luce di questa seconda via si mostra la "processione" di tutti i piani del reale a partire dall'Uno, mostrando non cosa *esso sia*, bensì ciò che *esso non è*.

Lo pseudo-Dionigi sarà colui che tematizzerà in modo sistematico l'apofatismo, elaborando una "teologia negativa". Nella sua dottrina si possono rintracciare i temi centrali del neoplatonismo procliano:

1. Dio (Uno di Proclo) è al di là dell'essere e del conoscere, assolutamente altro, ineffabile. È principio sovra-essenziale che risiede nelle tenebre, la "tenebra divina" che è luce inaccessibile. Conoscere Dio è *non conoscere*, negando ogni categoria logica e ontologica.
2. La struttura gerarchica della realtà che deriva per emanazione da Dio.
3. L'unione dell'anima a Dio mediante l'estasi, uscendo da sé stessi e appartenendo totalmente a Dio.

Dio si manifesta nel suo "traboccamento": è quindi possibile attribuire a Dio tutti gli aspetti, gli attributi degli esseri creati. Ma nessun nome intelligibile può designare propriamente ciò che Dio è, poiché è al di sopra di tutti gli esseri creati, designati da questi nomi. La teologia affermativa deve pertanto cedere il passo a quella negativa, alla via che procede per negazione, così da negare di Dio ogni cosa che possa dirsi delle creature (Dio *non è* essere, *non è* vita, *non è* luce). Secondo Dionigi, infatti, queste negazioni devono essere intese non già in senso privativo, bensì in senso trascendente. Per questo la teologia negativa può essere concepita come super-affermativa: ad esempio, Dio è *super*-bene, *super*-essere, *super*-vita[46].

---

ad una superlativa. Quest'ultima verifica la predicabilità delle dieci categorie in cui non è possibile collocare parole che esprimano correttamente il divino se non aggiungendo un valore massimamente affermativo e massimamente negativo, come ad esempio, "Dio è Dio" non in sé, ma per noi che lo conosciamo.

Confrontando lo stile dello pseudo-Dionigi con quello dei Padri e dei Neoplatonici, il primo risulta, nel suo complesso, originale, che compensa un lessico povero di termini, variando quei pochi utilizzati. Infatti «la novità lessicografica di Dionigi non consiste tanto nel coniare parole nuove, quanto nell'adattare le parole comuni ad una nuova significazione religiosa» (*Ibid,* p. 446). Lo pseudo-Dionigi usa parole che appartengono sia ai Neoplatonici che ai Padri (soprattutto alessandrini e cappadoci), che adatta – per la sua sensibilità teologica – alla nuova spiritualità cristiana. Così la parola si allontana dal suo significato convenzionale e comune, acquisendo quell'originalità che caratterizza il *Corpus* dionisiaco.

[46] M. ABBATE, *Il divino tra unità e molteplicità. Saggio sulla Teologia Platonica di Proclo*, pp. 173-174.

Se Dio è assolutamente estraneo ad ogni forma di conoscenza, perché al di là di ogni affermazione e negazione, e quindi al di fuori di ogni discorso razionale, solo chi supera ogni forma di conoscenza può unirsi al principio del tutto, all'Uno inconoscibile. L'uomo per conoscere Dio si deve unire a Dio, e perché ciò sia possibile deve uscire da sé stesso e diventare uno con Dio mediante l'estasi. La conoscenza di Dio presuppone, pertanto, la divinizzazione dell'uomo. La tradizione mistica medievale attingerà sempre a Dionigi – di cui ne è attestata l'autorevolezza – i grandi temi della ineffabilità divina, della tenebra luminosissima, dell'unione con Dio nell'assenza di ogni conoscenza, nell'unità semplicissima della mente umana.

Al linguaggio dell'ineffabile segue il silenzio, inteso come

> sospensione del giudizio della ragione rispetto ad ogni tentativo di definizione, ma come consapevole impossibilità del pensiero di concepire l'Origine assoluta di tutte le cose: questo silenzio è la manifestazione cosciente e definitiva della radicale impossibilità di ogni forma di linguaggio e di conoscenza razionale in rapporto a ciò che è anteriore alla totalità del reale[47].

Con il silenzio, in questa prospettiva, si deve concludere la speculazione, cedendo il passo alla mistica: «nel tentativo di cogliere la natura – inconcepibile per il pensiero – del Principio autentico, tale riflessione non può che sfociare in una forma di contemplazione mistica che si deve concludere nel silenzio definitivo del pensiero»[48].

La via apofatica nella teologia dionisiana ha contribuito in modo determinate allo sviluppo della concezione gerarchica dell'universo che lo pseudo-Dionigi espone nel *De coelesti hierarchia* e nel *De ecclesiastica hierarchia*. Tale concezione viene a basarsi sul concetto della mediazione gerarchica che si pone in essere nella relazione tra molteplici intermediari. Secondo l'autore il fine ultimo della gerarchia è infatti «l'assimilazione e l'unione con Dio»[49].

Nella gerarchizzazione del cosmo le tre ipostasi plotiniane vennero al loro interno divise in più sotto livelli. Si riteneva che la maggior parte delle anime riuscissero a percepire unicamente l'aspetto materiale e fenomenico della realtà fermandosi al

---

[47] *Ibid.* p. 179.

[48] M. ABBATE, *Tra esegesi e teologia. Studi sul Neoplatonismo*, p. 74.

[49] EH II, 1.

livello più basso, mentre soltanto pochi uomini erano in grado di vedere, col pensiero, le varie gerarchie in cui è strutturato l'universo.

1.2.2. Manenza, processione e ritorno

Secondo Proclo la suprema legge che governa la derivazione della realtà dall'Uno è ternaria. «La grandezza di Proclo (...) sta nell'approfondimento delle leggi che fondano e governano la processione della realtà, ossia proprio nell'approfondimento di quel nesso strutturale dinamico-relazionale»[50].

La legge generale che governa la generazione di tutta la realtà è costituita da tre momenti:

1. Manenza: il permanere in sé del Principio. «Ogni ente produttivo ha come caratteristica essenziale (...) quel rimanere qual è senza subire alcun mutamento, appunto in virtù della sua perfezione; e, proprio a causa di questo suo permanere immobile e indiminuibile, produce»[51].
2. Processione: l'uscire del Principio. «Non è una transizione (...) è da pensarsi come una moltiplicazione di sé medesimo da parte del produttore in virtù della sua potenza (...). Il produttore ha la stessa natura del prodotto, ma non allo stesso grado»[52].
3. Conversione: il ricongiungersi al Principio.

Questo processo dinamico-relazionale viene ben sintetizzato dall'immagine del "circolo": il centro è immagine della permanenza; il raggio della processione e la circonferenza è immagine del ritorno.

---

[50] M. ABBATE, *Saggio introduttivo I*, XXXV.

[51] *Ibid.*, XXXVI.

[52] *Ibid.*

1.3. Il VI Libro de *La Repubblica*: dalla metafisica e teologia alla I ipotesi del Parmenide[53]

Il VI Libro de *La Repubblica* contiene un'esegesi del discorso sul Bene: «il Neoplatonismo, proprio in rapporto al suo particolare impianto filosofico-metafisico, trova uno dei suoi più significativi ed essenziali fondamenti teoretici nell'interpretazione della natura del Bene, identificato con il Primo Principio»[54]. L' equiparazione, delineata in questo Libro, è da leggersi alla luce di due testi: uno platonico e l'altro attribuito erroneamente a Platone.

Il *Parmenide*: ambientato ad Atene in occasione delle Grandi Panatenee, narra il dialogo avvenuto tra gli eleati Parmenide, Zenone e il giovane Socrate. Gli argomenti affrontati sono: analisi del monismo parmenideo e obiezioni di Socrate alle affermazioni di Zenone; analisi della dottrina socratica delle idee e conseguenti obiezioni di Parmenide; formulazione da parte del filosofo eleata di un metodo di indagine ipotetico; esemplificazione di tale metodo, prendendo in esame le ipotesi opposte "se l'uno è" e "se l'uno non è", sviluppandone le conseguenze e scoprendone l'aporeticità.

Per Plotino, Proclo e Damascio è possibile dedurre le prime ipostasi dalle quattro tesi della prima ipotesi[55] (se l'uno è), mentre le successive quattro servono a verificare l'impossibilità di negare l'Uno[56].

Il secondo testo è l' *Epistola II*, precisamente il passo 312e 1-3, che «nell'ambito del Medioplatonismo e del Platonismo fu considerata come uno scritto autentico: in esso gli autori neoplatonici, a cominciare dallo stesso Plotino, individuavano la descrizione delle tre ipostasi fondamentali costitutive della realtà nel suo complesso»[57].

---

[53] Cf. Uno studio interessante: S. De Piano, *Dalle ipotesi alle ipostasi: il Libro VI del* Commentario *di Proclo al* Parmenide *di Platone*, in Princeps Philosophorum. *Platone nell'Occidente tardo-antico, medievale e umanistico*, a cura di M. M. Borriello e A. M. Vitale, Città Nuova, Roma 2016, pp.125-151.

[54] M. Abbate, *Saggio introduttivo III*, in Proclo, *Commento alla Repubblica di Platone. Dissertazioni I, III-V, VII-XII, XIV-XV, XVII*, a cura di M. Abbate, Bompiani, Milano 2014, CIII-CIV.

[55] Cf. Platone, *Parmenide* 137a-142a.

[56] Cf. Plotino, *Enneadi* V, 1, 8, 1-25.

[57] M. Abbate, *Saggio introduttivo III*, CIV.

L'intera interpretazione di Proclo è sintetizzata da questa relazione di identità:

Bene = Uno in sé (Primo Principio) = Primo Dio

Il fondamento dell'unità nella differenza è la verità che risplende dal bene: «la verità unisce fra loro il pensante inteso come intelletto e il pensato inteso come essere, ma al contempo, garantendo la loro specifica determinatezza ontologico-metafisica rispettivamente come soggetto e oggetto, li mantiene comunque separati»[58]. La distinzione tra "pensato" e "pensante" è anche armonizzazione di entrambi, in quanto simili al Bene. Questi è conoscibile – secondo l'esposizione di Proclo che interpreta Platone – attraverso un procedimento aferetico-negativo, sottraendo e separando tutto ciò che è estraneo al Bene, per coglierlo nella sua assoluta trascendenza ed originarietà. Si parla di "negazione" «che nella sua progressività e sistematicità diviene assoluta e radicale nei riguardi di ogni predicazione posta in termini affermatici circa la natura del Primo Principio»[59]. Il Bene si delinea come assoluta e totale differenza: «non è scienza, non è verità, non è essenza né essere»[60].

---

[58] *Ibid.*, CIX.

[59] *Ibid.*, CX.

[60] PROCLO, *Commento alla Repubblica di Platone*, 285.18-19.

Capitolo II

LA TEOLOGIA GRECA E IL *CORPUS DIONYSIACUM* [61]

2.1. La teologia greca[62]

Comprendere alcuni tratti della riflessione patristica greca significa considerare alcuni elementi peculiari di questa tradizione filosofico-teologica del cristianesimo d'Oriente che si ritrovano nel *Corpus Dionysiacum* di pseudo-Dionigi.

L'*oikumene* in cui giunse il Vangelo era un'unità politica di vaste dimensioni: l'impero romano.

Sia la religione che la filosofia romana dipendevano in gran parte dalla tradizione greca: «Graecia capta ferum victorem cepit et artes intulit agresti Latio»[63]. La *Pax Romana* inaugurata dall'imperatore Augusto, mantenuta dai suoi successori, portò all'unità politica, pur mettendo a tacere i popoli conquistati: «Essi rapinano, massacrano, saccheggiano, e lo chiamano impero, e dove lasciano desolazione, la chiamano pace»[64].

La rapida diffusione della religione cristiana, a cominciare dai viaggi missionari di Paolo, «permise al cristianesimo di diffondersi ben al di là dei ristretti limiti giudaici della chiesa primitiva»[65]. Quando le comunità cristiane iniziarono ad ingrandirsi, ci si

---

[61] I testi del *Corpus Dionysiacum* furono fondamentali tanto per il pensiero latino in Occidente che per quello bizantino in Oriente. La dottrina sugli angeli e la teologia negativa sarebbero stati impiegate negli sviluppi dogmatici del cristianesimo medievale. La teoria delle "energie divine" e quella della "deificazione" costituirono la base dottrinale della teologia mistica della Chiesa d'Oriente.

[62] Cf. S. A. CAPONE, *Credo la Chiesa: primi passi di una formula. Nella teologia dei Padri d'Oriente*, Edizioni Sant'Antonio, Saarbrücken 2017, pp. 29-41.

[63] Tradotta letteralmente significa: «la Grecia, conquistata [dai Romani], conquistò il feroce vincitore e le arti portò nel Lazio agreste» (ORAZIO, *Epistola* II, 1, 156). Roma conquistò la Grecia con le armi, ma questa con le sue lettere ed arti riuscì ad incivilire il feroce conquistatore, rozzo e incolto.

[64] TACITO, *Agricola* 30.

[65] E. OSBORN, *L'ingresso del mondo greco-romano*, in A. DI BERNARDINO-B. STUDER (curr.), *Storia della teologia,* I, Piemme, Casale Monferrato 1993, p. 109.

rese conto della necessità di una regola o Canone della Sacra Scrittura, per affrontare le prime eresie.

Secondo la tradizione, obbedendo alla volontà di Tolomeo Filadelfo, la

> legge giudaica fu tradotta da settantadue sapienti che la portarono a termine con sorprendente unanimità e simultaneità. Più esattamente, essa fu un lavoro composito, completato verso la seconda metà del II sec. a.C. Fu questa l'opera che divenne la Bibbia della chiesa primitiva (...)[66].

Definito il Canone, la teologia greca iniziò ad assumere la caratteristica di "testimonianza" nell'effusione del sangue: il martirio.

Giustino parla di amore per la verità[67]. La parola di verità si identifica con una persona vivente: Gesù di Nazareth. Il martire è colui che rende testimonianza alla verità della parola che è Gesù.

Una caratteristica – soprattutto dei primi Padri greci – è il presentare Cristo come il centro della storia. Infatti, tutti gli avvenimenti devono essere visti in relazione ad un evento centrale. Cristo diviene lo spartiacque della storia.

L'affermarsi della scuola alessandrina, a partire dal II sec., soprattutto con il contributo di Origene, fu determinante per lo sviluppo della teologia greca, la quale si impegnò ad «affrontare il progetto culturale proposto e portato avanti da Origene prima ad Alessandria e poi a Cesarea (...), una comprensione unitaria di tutti gli aspetti della vita cristiana interpretati alla luce della spiritualità di tipo platonico»[68].

Il IV sec. fu il periodo delle controversie, già presenti in Oriente da svariati decenni, già oggetto di discussione e polemica. Dal 313 i cristiani godevano di un periodo di tolleranza, per cui la Chiesa si poté sviluppare più apertamente. La

---

[66] *Ibid*, p. 133.

[67] Cf. GIUSTINO, *Apologia* I, LXV, LXVI. Cf. TERTULLIANO, *De Virginibus Velandis* 1, 1: PL 2, 887: «*Dominus noster Christus veritatem se, non consuetudinem, cognominavit*» («Cristo ha affermato di essere la verità, non la consuetudine»). Si veda anche: M. SIMONETTI – E. PRINZIVALLI, *Letteratura cristiana antica*, I, Piemme, Casale Monferrato 1996, pp. 212-225.

[68] M. SIMONETTI, *L'Oriente dopo Origene*, in A. DI BERNARDINO-B. STUDER (curr.), *Storia della teologia,* I, p. 233. Cf. E. S. MAINOLDI, *Dietro 'Dionigi l'Areopagita'. La genesi e gli scopi del* Corpus Dionysiacum, pp. 31-55.183-201.

professione di fede, in Oriente – dopo la svolta costantiniana – appare come norma dogmatico-giuridica vincolante tutta la Chiesa.

Il IV e V sec. rappresentarono l'epoca aurea della Patristica: liberata dall'ostilità del potere, la Chiesa non è certo libera da problemi interni. Le controversie dottrinali occuperanno gran parte del proscenio teologico e politico. La Chiesa è in piena espansione ma anche al contempo in piena crisi.

Nel V e nel VI sec. iniziò ad imporsi la logica aristotelica che «internamente ed esternamente alla teologia, viene ora fusa con le tradizioni neoplatoniche»[69].

Il risultato di tutte queste trasformazioni determinerà l'affermarsi della "scolastica bizantina", una teologia scientifica «rivestita di settemplice [= «che è formato di sette parti»[70]] corazza, in cui ormai si raccapezzano soltanto eruditissimi specialisti, monaci e clerici»[71]. Già con Massimo il Confessore la dogmatica è estranea alla religiosità viva; i problemi posti dalla mistica o dalla lotta per le immagini sono ricollegati ad essa e risolti.

Per comprendere in che modo gli autori cristiani abbiano cercato di servire con il loro lavoro teologico le comunità cristiane, non è sufficiente guardare alle condizioni esterne ed interne delle chiese del tempo[72]. Bisogna prendere in considerazione le necessità della Chiesa, «gli ideali che guidavano e mantenevano tutta la vita cristiana»[73].

La teologia greca è al tempo stesso filosofia, con le caratteristiche di essere antieretica e missionaria, polemica e apologetica. Restando fedele alla regola di fede, la patristica greca, «agile e vivace, fa progressi e, nonostante difficoltà interne ed esterne, afferma la propria superiorità sugli avversari e trionfa»[74].

---

[69] H. VON CAMPENHAUSEN, *I Padri greci*, Paideia, Brescia 1967, p. 213.

[70] M. NUZZO, s.v. *settemplice*, in *Dizionario della lingua italiana*, Marotta Editore, Napoli 1978, p. 1445.

[71] *Ibid.*

[72] Tali condizioni sono due: l'"*Ecclesia episcoporum*" – dove le comunità cristiane sono chiese dirette da un vescovo – e l'"*Ecclesia Imperii Romani*", in cui il cristianesimo è riconosciuto dapprima come *religio licita*, con l'editto di Galerio del 311, e successivamente *religio catholica*.

[73] B. STUDER, *La situazione ecclesiale*, in A. DI BERNARDINO-B. STUDER (curr.), *Storia della teologia,* I, p. 312.

[74] *Ibid*, pp. 209-210.

Accanto al riconoscimento della Scrittura come base e fondamento della riflessione teologica, i Padri greci hanno unito la ragione "naturale", congiunti ad una libera accettazione dell'autorità ecclesiastica e della Tradizione.

Il rafforzamento di queste componenti permise «l'aumento del loro peso politico da una parte, e dall'altra la progressiva sistematizzazione dello stesso patrimonio teologico, sempre più ricco e impegnativo»[75]: questa fu una delle cause del graduale declino del periodo patristico classico.

Quando nel 529 d.C. l'imperatore Giustiniano chiuse la scuola di Atene e gli ultimi filosofi pagani abbandonarono l'Impero, il cristianesimo poté espandersi «solo in quei territori dove ragioni politiche lo auspicavano e dove la superiorità culturale dell'impero gli appianava la via»[76]. Questo avvenne in Oriente.

In Occidente, al contrario, non si cessò mai di ascoltare la teologia greca. Nel IV e V sec. si ebbe un risveglio della vita teologica occidentale, con la «necessità di ascoltare e crescere nella consapevolezza della vera differenza storica»[77]: si diede alla teologia latina la forza di una vita autonoma, anche se all'inizio quasi tutto attinse dai Padri greci.

2.1.1. La teologia della "nascita di Dio"

Legata alla teologia battesimale della Chiesa primitiva – in cui nascono le prime professioni di fede – è la riflessione teologica sulla "nascita di Dio".

Le prime tracce che testimoniano la dottrina della nascita di Dio nel cuore dell'uomo si evincono dalla teologia battesimale della Chiesa primitiva, in cui si trovano *in nuce* le professioni di fede articolate teologicamente e stilisticamente: i Simboli.

Infatti «nella rigenerazione battesimale viene concesso il principio nuovo della vita deiforme; l'inabitazione di Cristo nel cuore sta in naturale rapporto con la ricostituzione della vita deiforme nel battesimo»[78].

---

[75] *Ibid.*

[76] *Ibid.*

[77] *Ibid.*

[78] H. RAHNER, *Simboli della Chiesa: l'ecclesiologia dei Padri*, San Paolo, Cinisiello Balsamo 1995, p. 25.

Sottolinea H. Rahner:

Già nell'antichità l'originaria designazione di Cristo come *παις θεού*, modellata sull'*ebed* del Vecchio Testamento, aveva il significato di "figlio di Dio", e sottraeva la parola "servo" a qualsiasi sospetto di subordinazionismo. Di qui venne appunto l'idea (...) dell'eterna nascita dal Padre (...). E si univa al significato di *παις* il concetto dell'immutabile eternità del Figlio, cui compete un'eterna giovinezza e bellezza[79].

Agli inizi del VI sec. cominciano ad essere conosciuti e citati da diversi Padri greci, alcuni scritti il cui autore si qualifica come Dionigi, colui che, secondo gli *Atti degli Apostoli*, fu convertito al cristianesimo dalla predicazione dell'apostolo Paolo dinanzi all'Areopago.

Alla "teologia negativa"[80] dello pseudo-Dionigi – la quale procede dal finito a Dio e lo considera al di sopra di tutti i predicati o nomi con i quali si può designarlo – appartiene il breve trattato *Teologia Mistica*, secondo il quale la più alta conoscenza è il non sapere mistico. Accanto a questa teologia trovò ampia diffusione la riflessione sulla "nascita di Dio" che, in molti Padri orientali, costituì una caratteristica imprescindibile della loro mistica.

Se l'uomo partecipa dell'eternità, egli è destinato all'immortalità: attraverso il battesimo la Vergine-Madre, la Chiesa, conferisce al cristiano la presenza permanente di Cristo in lui: l'inabitazione.

Con l'ultimo grande Padre d'Oriente, Massimo il Confessore[81], mistica e "nascita di Dio" saranno inscindibilmente congiunte. Egli porterà a pieno sviluppo i principi dottrinali già esistenti in germe in Origene e Gregorio di Nissa.

---

[79] *Ibid*, p. 27.

[80] Già Agostino d'Ippona aveva parlato di teologia catafatica e apofatica, come metodologia realizzabile dalla teologia. Ciò era determinato dal fatto che Dio è indicibile e impredicabile, come l'Uno di Platono. Al momento positivo della teologia catafatica, segue quello negativo della teologia apofatica, che è «silenzio e tenebra», in cui resta lo Spirito, ma la fusione delle anime che pur continua a esistere diviene impredicabile (silenzio) e inintuibile (tenebra). Successivamente anche un altro autore, Boezio (Roma 475/477 – Pavia 524/526), mostrerà che questi due momenti della teologia derivano dalla natura spirituale di Dio.

[81] Massimo, nato in Palestina tra il 579 e 580 è stato un monaco e teologo bizantino. È chiamato "il Confessore" perché i fautori del monotelismo, senza martirizzarlo, gli tagliarono la

2.2. *Corpus Dionysiacum*

Nella vitalità del pensiero cristiano greco si inserisce il *Corpus Dionysiacum*, in cui la presenza del Neoplatonismo è molto più delineata che rispetto ai padri Cappadoci.
L'impronta che recherà il pensiero teologico di questi scritti, databili intorno al VI sec., è di matrice neoplatonica post-plotiniana, quella che da Porfirio arriva fino a Proclo e Damascio.

2.2.1. Autore e opera

Leggendo attentamente il *Corpus* ci si accorge di come l'autore si sia servito di fonti precedenti. Il contenuto teologico è articolato in:

1. la distinzione, in seno a Dio, della manenza, processione e ritorno.
2. La teologia positiva e negativa come metodi di indagine.
3. Riferimenti all'esegesi del *Parmenide* di Siriano e Proclo.
4. Duplice via: conoscenza filosofica e contemplazione mistica.

Dionigi Areopagita, chiamato dagli studiosi moderni pseudo-Dionigi, è autore di quattro scritti: *De divinis nominibus, De coelesti hierarchia, De ecclesiastica hierarchia, De theologia mystica.*
Egli si attribuisce l'identità di Dionigi, pagano convertito al cristianesimo dopo la visita di Paolo alla città di Atene[82].

---

lingua e la mano destra con le quali egli aveva per parola e per iscritto difeso la fede ortodossa e cattolica. Muore a Lazica il 13 agosto 662.

[82] Cf. *Atti degli Apostoli* 17, 32-34. «La strategia pseudo-epigrafica adottata ci suggerisce che l'autore del *Corpus Dionysiacum* non solo fu convinto della bontà delle proprie argomentazioni, ma anche che sia stata anche sua precipua intenzione estenderle all'universalità della Chiesa, provvedendole di una garanzia derivante dalla sua presunta autorità apostolica. Dobbiamo conseguentemente chiederci se è plausibile pensare che un autore in grado di scrivere opere della profondità dottrinale di quelle che compongono il *Corpus*, intrecciando in questi suoi scritti un dialogo sottile e serrato con le istanze teologiche e dottrinali che percorrevano l'oicumene tra fine V e inizi VI sec., abbia agito per mera e disinteressata ispirazione intellettuale o spirituale, senza la minima intenzione di voler incidere nell'agone politico-ecclesiale? Chiaramente no: il *Corpus Dionysiacum* è stato scritto con un evidente scopo, quello di dettare soluzioni rispetto a precisi obiettivi politico-ecclesiastici, che il suo autore riteneva evidentemente della massima importanza e urgenza, onde cercò di accreditare questi suoi puntuali interventi all'interno di un'opera generale e

L'opera si prefigge di affrontare alcune problematiche:

1. questione cristologica: l'autore cerca di mediare tra calcedonesi e monofisiti, invitando al dialogo;
2. origenismo: l'autore propone una visione alternativa all'insegnamento del maestro alessandrino circa l'angelologia ed escatologia. Pseudo-Dionigi cerca di sostituire la scomoda autorità di Origene, superando le criticità suscitate dall'allegorismo, inquadrando il monachesimo entro un preciso rapporto con la gerarchia ecclesiastica e riprendendo testi della tradizione neoplatonica utilizzandoli in una formula sistematica per dar corpo ad un sapere e ad una dottrina istituzionalizzata. Questa, rivestendosi di autorità apostolica, prende le distanze dalle polemiche antiereticali e dall'omiletica.
3. una nuova concezione dell'ordine, fondata sull'analogia tra le schiere incorporee e gli ordini ecclesiastici, con il neologismo "gerarchia". L'autore risponde alla dottrina della deificazione, sottilmente allineata ai portatori della cristologia calcedonese e concepita come realizzazione sovrintellettuale, in risposta all'illuminazione noetica origenista, ma allo stesso tempo inserita nel quadro della funzione santificante dei sacramenti ecclesiali[83]

Ultimo punto nell'*intentio* dell'autore fu quello di armonizzazione le tradizioni alessandrina, siriaca, cappadoce, bizantina: da Massimo il Confessore a Giovanni Damasceno, fino a Gregorio Palamas.

La "fortuna" del pensiero dello pseudo-Dionigi e l'influsso che ebbe nei secoli successivi

> sembra che siano dovuti al fatto che si tratta di una sintesi e di una ricapitolazione del pensiero neoplatonico nello spirito cristiano, che riprende il tema della relazione tra Dio e il mondo e del cammino dell'uomo verso il Creatore. Gli scritti del *Corpus Dionysiacum* consolidarono nella coscienza sia dell'Occidente, sia dell'Oriente, il pensiero neoplatonico con il suo ideale della

---

dietro l'attribuzione a un personaggio che traeva autorevolezza dall'essere stato discepolo di San Paolo»: E. S. MAINOLDI, *Dietro 'Dionigi l'Areopagita'. La genesi e gli scopi del* Corpus Dionysiacum, p. 484.

[83] E. S. MAINOLDI, *Dietro 'Dionigi l'Areopagita'. La genesi e gli scopi del* Corpus Dionysiacum, p. 486.

vita contemplativa e dell'estasi mistica come la forma più alta dell'attività umana[84].

Secondo alcune fonti originario della Siria[85], l'autore non si limita ad adottare alcune dottrine attribuibili a Proclo, ma utilizza termini tecnici precisi, come *θεανδρικός*. Questo stretto legame sembra essere confermato da alcuni fattori:

a) in *De div. Nom.* II (134,6) lo ps. Dionigi attribuisce al suo maestro Ieroteo le Θεολογικαί στοιχείωσεισ, corrispondenti al titolo di un'importante opera di Proclo; b) il ritratto che lo ps. Dionigi da di Ieroteo (...) va raffrontato con l'analoga descrizione che Marino dà di Proclo nella sua *Vita Procli*[86]. Con la creazione di questo personaggio, Ieroteo, l'Anonimo non solo giustifica alcune cose che dice, ma rimanda anche a lui per la trattazione sistematica di alcune cose che non dice[87].

Gli evidenti elementi filosofici neoplatonici vengono interpretati dal messaggio cristiano che ne resta influenzato e inglobato, così da poter parlare oggi di "neoplatonismo cristiano".

Dionigi viene ricondotto da alcuni studiosi a Proclo[88], da altri a Damascio[89]; altri ancora mettono in dubbio queste due paternità[90].

---

[84] A. PALUSINSKA, *Dionigi Areopagita e la sua teoria del simbolo* in https://www.academia.edu/3018416/Dionigi_Areopagita_e_la_sua_teoria_del_simbolo_unpublished [accesso: 10.04.2017].

[85] S. LILLA, *Dionigi l'Areopagita e il platonismo cristiano*, Morcelliana, Brescia 2005, p. 161: «Stilgmayr ha notato come il paragrafo riguardante l'ordinazione del vescovo, del sacerdote e del diacono in *de eccl. Hier.* V, 7 (110,10-19) sia modellato sul paragrafo *de ordinationibus* della liturgia siriaca promulgata dal patriarca di Antiochia Ignazio Efraem Rahmani».

[86] Cf. S. LILLA, *Dionigi l'Areopagita e il platonismo cristiano*, Morcelliana, Brescia 2005, pp. 161-162.

[87] G. REALE, *Il Corpus Dionysiacum e i grandi problemi che suscita per la sua interpretazione* in *Dionigi Areopagita. Tutte le opere*, Bompiani, Milano 2009, p. 12.

[88] Cf. C. MORESCHINI, *Storia del pensiero cristiano tardo-antico*, Bompiani, Milano 2013, p. 1237.

[89] Cf. C. M. MAZZUCCHI, *Dionigi Areopagita. Tutti gli scritti*, Bompiani, Milano 2009.

[90] Cf. E. FIORI, *Damascio, autore del Corpus dionysiacum*, in *Adamantius* 14 (2008), pp. 670-673.

Non è tanto importante capire chi si celi dietro a questa "finzione letteraria", quanto comprendere le ragioni di questa scelta. Per alcuni studiosi[91]:

1. l'autore era un filosofo neoplatonico, cristiano, che non voleva rinunciare alla sua fede, ma nemmeno alla tradizione filosofica, cercando tra le due un punto di convergenza[92];
2. l'autore era un cristiano che, forte della tradizione filosofica, come l'apostolo Paolo all'Areopago, voleva conquistare i pagani a Cristo;
3. l'autore era un filosofo neoplatonico che voleva combattere il pensiero cristiano.

Nonostante l'autore resti avvolto da un velo di mistero, per il lettore moderno, che si accinge a leggere il *Corpus*, non è tanto importante comprendere chi materialmente abbia ideato e composto gli scritti, quanto cogliere il carattere ermeneutico dei testi, i suoi effetti in pensatori successivi, come Massimo il Confessore, Giovanni Scoto, fino ad arrivare all'epoca moderna, passando per il Rinascimento con Niccolò Cusano.

Prima del 532 d.C. nessuno dei Padri della Chiesa conosceva Dionigi, eppure dall'indagine teologica condotta in precedenza si evince come il «senso di un testo trascende il suo autore»[93]. Il nucleo teologico del pensiero cristiano greco confluisce negli scritti del *Corpus* e, viceversa, il metodo teologico e gnoseologico di pseudo-Dionigi costituisce il *substrato* del pensiero filosofico-teologico tardo patristico e medievale.

> Il nome di Dionigi l'Areopagita risulterebbe così lo pseudonimo dietro al quale lavora un'equipe che scrive seguendo un preciso disegno, calcato sulle problematiche teologico-ecclesiastiche accese all'inizio del secolo VI. La committenza del *Corpus Dionysiacum* (...) non può essere identificata all'interno di una delle fazioni dottrinali in gioco nel primo quarto del secolo VI

---

[91] Cf. G. REALE, *Il Corpus Dionysiacum e i grandi problemi che suscita per la sua interpretazione*, 14-15.

[92] Werner Beierwaltes accosta Proclo all'autore Anonimo. Cf. W. BEIERWALTES, *Platonismo nel Cristianesimo*, Vita e Pensiero, Milano 2000, pp. 49-97.

[93] H. G. GADAMER, *Verità e Metodo,* Bompiani, Milano 1960, p. 613.

(...) né tantomeno con un autore neoplatonico che scrive da estraneo alla sfera ecclesiale[94]

2.2.2. La teologia

Gli argomenti teologici trattati all'interno delle opere che costituiscono il *Corpus* sono: Dio e le creature intelligenti che devono unirsi a Lui. Mentre il primo è trattato nei *Nomi Divini*, il secondo è affrontato dalle due *Gerarchie* e nella *Lettera VIII*.

Tutto il «*corpus* parla di Dio, considerato nel suo essere trascendente e nella sua attività creatrice e provvidenziale oppure nei risultati di questa sua attività (...) il discorso dell'uomo su Dio si fonda sul discorso di Dio all'uomo»[95].

Dionigi riconosce come fondamentale la rivelazione di Dio nella Sacra Scrittura, pur affiancando ad essa una "tradizione non scritta"[96], che si qualifica come una tradizione esegetica della Scrittura e di alcuni riti sacramentali.

Tutto ha origine dall'assoluta trascendenza del Primo Principio, la manenza (*μονή*), che rimane sempre in sé stesso, non abbondonando la sua unità, pur essendoci un traboccamento, causato dalla sua immensa pienezza: questa è la processione (*πρόοδος*). Infatti «questa potenza, suddividendosi e moltiplicandosi sempre più man a mano che si allontana dalla sua fonte, dà origine a tutti gli esseri, penetra nell'universo»[97]: questa è la conversione o ritorno alla fonte (*ἐπιστροφή*).

Caratteristica della teologia dionisiana è la triade[98]: *μονή*, *πρόοδος*, *ἐπιστροφή*, in quanto «tutti gli esseri esistono in quanto partecipano alla divinità nella sua

---

[94] E. S. MAINOLDI, *Dietro 'Dionigi l'Areopagita'. La genesi e gli scopi del* Corpus Dionysiacum, p. 488.

[95] E. BELLINI, *Saggio introduttivo* in *Dionigi Areopagita. Tutte le opere*, Bompiani, Milano 2009, p. 48. Questo passaggio è fondamentale per comprendere gli inizi della speculazione medievale, soprattutto con la *rinascita carolingia*.

[96] Cf. EH I 4, 376 B-C.

[97] S. LILLA, *Dionigi l'Areopagita e il platonismo cristiano*, p. 168.

[98] Uno studio che mette in relazione la triadologia con la patristica, in special modo quella dei Cappadoci e della liturgia basiliana è: P. SCAZZOSO, *La teologia antinomica dello Pseudo-Dionigi I*, in *Aevum* 49 (1975), p. 1-12.

totalità: la molteplicità degli esseri, cioè, deriva da Dio uno e trino nella sua totalità»[99].

L'indagine teologica si avvale di un metodo apofatico o negativo che «consiste nel privare man mano la divinità di tutti gli attributi, mediante un processo di astrazione logica»[100], ma anche catafatico o positivo «che viceversa attribuisce a Dio ogni possibile proprietà»[101]. Utilizzati entrambi, il metodo negativo resta quello più adatto all'indagine teologica che si prefigge lo pseudo-Dionigi.

Se la totalità degli esseri è contenuta nell'Uno assolutamente semplice, considerato nella sua manenza, è altrettanto vero che la divinità è una "monade triplice", in cui ciascuna delle tre ipostasi conserva la propria identità, senza confusione[102].

I concetti di "unità assoluta" e di "distinzione" sono presenti nel tardo neoplatonismo (Giamblico e Proclo)[103] e nei Padri Cappadoci (unità e distinzione nella Trinità)[104].

---

[99] E. BELLINI, *Saggio introduttivo* in *Dionigi Areopagita. Tutte le opere*, p. 57.

[100] S. LILLA, *Dionigi l'Areopagita e il platonismo cristiano*, p. 169.

[101] *Ibid.*

[102] Il Concilio di Calcedonia (451) considera Il Cristo come un unico essere concretamente esistente (*hypostasis*) nel quale risultano contemporaneamente presenti due dimensioni diverse, quella divina e quella umana. Questa compresenza delle due nature in un'unica persona deve essere intesa in modo tale da evitare ogni divisione nel Cristo, e ogni frattura tra vita immanente di Dio e ed economia salvifica («senza divisione e senza separazione»), ma anche senza che sia intaccata la trascendenza del Verbo o la consistenza della sua umanità («senza confusione e senza trasformazione»): cf. DS 302.

[103] Sia Plotino che Proclo considerano il Primo Principio "fonte". Cf. PLOTINO, *Enneadi* I,6,9 (117,41-42); PROCLO, *Theologia Platonica* II,8 (56,21,26).

[104] Ad esempio, Gregorio di Nissa delinea il cammino cristiano in tre tappe, nell'estasi parla del "ritorno" a Dio come fonte. Il Nisseno nell'*apatheia* (è il superamento del corpo) vede la via purgativa; nella *theoria* (contemplazione, in cui il cristiano si libera dal sensibile; dietro gli svolgimenti sensibili, riflessi del disegno divino, egli penetra gli esseri, fino alla frontiera di Dio) la via illuminativa e nella *mistica* l'immagine nell'uomo del Dio inaccessibile, temporaneamente dissimulata dalla deviazione del peccato, che viene liberata dalla sua ruggine dalla grazia di Dio. Se l'uomo ha ritrovato la sua primitiva immagine, guardandosi vedrà colui che cerca. Qui diventa importante l'instasi, il rientrare in sé stessi che si alterna con l'estasi, l'uscire da sé stessi. L'anima si fa portare nella cantina dell'ebbrezza amorosa. Dio si manifesta per dono e partecipazione, così giungendo alla via unitiva.

Anche nella cristologia i Cappadoci distinguono le due nature di Cristo. Tuttavia, riconoscono la possibilità della *comunicatio idiomatum*: nonostante le due nature, non ci sono due persone nel Cristo, ma una sola.

«La fonte filosofica delle due idee dell'unione senza confusione tra le due nature in Gesù e della superiorità delle sue qualità umane va ricercata (...) in Porfirio»[105], applicando così alla cristologia la teoria secondo la quale la natura dell'anima, quando si unisce al corpo, non si confonde con esso né perde il suo essere, ma al contrario trasmette alla materia le sue qualità, elevandola.

Nel *Περὶ τῆς Οὐρανίας Ἱεραρχίας*, al capitolo VII, viene presentato il concetto di "tearchia", divinità come Principio, che può essere conosciuta nella misura in cui essa è conforme alla ragione, ovvero ciò che della trascendenza è riscontrabile nelle creature. Nella *Epistola II* aggiunge: «Colui che è al di sopra di tutto è detto superiore anche alla stessa Tearchia [*ὁ πάντων ἐπέκεινα* (...) *ὑπὲρ θεαρχίαν ἐστὶ*]»[106].

La cornice in cui pseudo-Dionigi costruisce la sua teologia si può configurare sia come un "cammino liturgico", che viene compiuto dal cristiano nella Chiesa, per mezzo dei sacramenti, ma anche come "itinerario conoscitivo". Nella *Teologia Mistica*, pseudo-Dionigi, parafrasando l'itinerario di Mosè, «si domanda semplicemente di abbandonare i nomi di Dio, sensibili e intelligibili, contenuti nella Scrittura e di slanciarsi verso l'unione»[107].

Pur essendoci questa unione, l'uomo avrà chiara la consapevolezza che non potrà giungere alla comprensione di Dio: «la non conoscenza è bensì superiore ai nomi, ma rimane inadeguata a Dio, il quale è al di là anche di ogni negazione»[108].

2.2.3. Gerarchia

La dottrina secondo la quale la realtà è gerarchicamente costituita risale a Platone, il quale trattando dell'essere, arriva alla sfera delle idee. Attraverso i simboli sensibili, l'uomo partecipa della gerarchia, innalzandosi. Infatti

---

[105] S. LILLA, *Dionigi l'Areopagita e il platonismo cristiano*, p. 177.

[106] *Ep.* II (1068A-1069A) 158, 1.

[107] E. BELLINI, *Saggio introduttivo* in *Dionigi Areopagita. Tutte le opere*, p. 71. Cf. MT I, 3 (143,16-144,15). S. LILLA, *Dionigi l'Areopagita e il platonismo cristiano*, p. 185: «Come accade nel Neoplatonismo, quest'unione mistica non si realizza grazie all'intervento di un intermediario. Anche se in alcuni passi si riconosce il ruolo di Gesù nel processo di accostamento al primo principio». Infatti, sia nel *De coelesti hierarchia* che nel *De ecclesiastica hierarchia* Gesù sarà riconosciuto come l'effettivo capo a cui vengono ricondotti entrambi gli ordini gerarchici.

[108] *Ibid.*

l'uomo nel suo cammino verso Dio deve servirsi dei simboli sensibili, che gli aiutano ad elevarsi nella comprensione fino a quello che è spirituale (...) si situa nel punto d'incontro della realtà sensibile e di quella non materiale, perché possiede una forma materiale all'esterno e un principio interiore non materiale. Permette all'uomo di conoscere una realtà più perfetta, anzi, di elevarsi fino alla contemplazione delle cose divine[109].

L'universo si presenta – allo pseudo-Dionigi – come realtà gerarchicamente ordinata, dalle più elevate alle meno; quest'ultime, gradi inferiori, devono essere ricondotte alle superiori, gradi superiori. All'autore interessano «gli uomini e gli angeli perché sono coscienti della loro origine da Dio; e suo scopo è spiegare come questi esseri superiori ricevono i doni di Dio e ritornano a lui»[110]. Proprio il "dono di Dio" è la chiave ermeneutica per comprendere come l'uomo possa giungere all'unione con Dio.

Sono due le opere di pseudo-Dionigi che trattano della gerarchia:

1. *De coelesti hierarchia*: un vero e proprio trattato di teologia. Come gli uomini conoscano gli angeli e come quest'ultimi siano portatoti della rivelazione divina all'uomo. Descrive i nove cori degli angeli nella loro disposizione e funzione.
2. *De ecclesiastica hierarchia*: trattato di teurgia. Spiega i riti sacramentali, che accompagnano l'uomo dal suo nascere al suo morire. In questa descrizione ritornano i concetti di manenza, processione e ritorno all'Uno. Affrontando i sacramenti[111], l'autore nella descrizione del battesimo e dell'eucaristia cerca di presentare la dottrina attraverso la contemplazione, riflessione su di essi, in quella che è la mistagogia. Così «il sacramento non è solo un'illuminazione che rivela Dio, ma anche un'operazione (del vescovo) che ripresenta le operazioni salvifiche (di Cristo) e ne trasmette l'efficacia unificatrice»[112].

---

[109] A. PALUSINSKA, *Dionigi Areopagita e la sua teoria del simbolo* in https://www.academia.edu/3018416/Dionigi_Areopagita_e_la_sua_teoria_del_simbolo_unpublished [accesso: 10.04.2017].

[110] E. BELLINI, *Saggio introduttivo* in *Dionigi Areopagita. Tutte le opere*, p. 61.

[111] Cf. S. LILLA, *Dionigi l'Areopagita e il platonismo cristiano*, pp. 181-182.

[112] E. BELLINI, *Saggio introduttivo* in *Dionigi Areopagita. Tutte le opere*, p. 70.

Nel *De celesti hierarchia* «viene affermato che la gerarchia ecclesiastica imita la gerarchia celeste e che le essenze celesti istruiscono e dirigono la nostra gerarchia»[113].

Nel confronto tra i due testi è fondamentale il concetto della "mediazione gerarchica" che si realizza nel rapporto tra molteplici intermediari: le gerarchie superiori ricevono dalla Tearchia divina (Trinità) l'essere e le energie spirituali, trasmettendole alle gerarchie inferiori.

La gerarchia è «una disposizione del tutto sacra, immagine della bellezza divina che santamente opera negli ordini e nelle scienze gerarchiche i misteri della propria illuminazione e che si conforma al proprio principio per quanto può»[114].

La gerarchia ecclesiastica è immagine di quella celeste[115] e in entrambe i membri superiori distribuiscono a quelli inferiori un insegnamento[116]. L'autore, in perfetta armonia con la tradizione platonica e patristica, ricorre in più di un'occasione a termini cari al linguaggio misterico.

I livelli superiori hanno le proprietà anche degli inferiori; viceversa quest'ultimi possiedono solo in parte le proprietà dei gradi più in alto.

Nel concetto di "gerarchia" rientrano anche temi antropologici cari alla patristica, come la creazione e la libertà. La gerarchia «è un ordine, cioè disposizione ontologica voluta da Dio, che caratterizza i diversi ordini, per cui essi rimangono tali per sempre»[117].

La gerarchia si realizza con la cooperazione di Dio da una parte e la libertà della creatura dall'altra. L'individuo «si assimila a Dio secondo le esigenze dell'ordine di cui fa parte, secondo la misura del suo grado di essere»[118].

---

[113] E. S. MAINOLDI, *Dietro 'Dionigi l'Areopagita'. La genesi e gli scopi del* Corpus Dionysiacum, p. 377.

[114] EH III, 2.

[115] Cf. EH I, 3 (8,14-15); VIII, 2 (35,22-23).

[116] Cf. CH IV 3 (22,20-22); VII, 3 (30,1-3,5).

[117] E. BELLINI, *Saggio introduttivo* in *Dionigi Areopagita. Tutte le opere*, p. 63. Cf. EH VII 2,556D; VII 3,9,565B.

[118] *Ibid*, p. 64.

2.2.3.1. *Περὶ τῆς Οὐρανίας Ἱεραρχίας*[119]

Composta di quindici capitoli, l'autore del *Περὶ τῆς Οὐρανίας Ἱεραρχίας* presenta al lettore i diversi ordini di angeli – in un rigido sistema gerarchico, regolato da leggi definite – ricavandoli dalle Scritture (Primo Testamento) e dalle lettere di Paolo (Secondo Testamento).

I primi due capitoli costituiscono una piccola introduzione sia a CH che a EH, dando al lettore spunti di esegesi biblica che troverà sviluppati nella trattazione delle opere teologiche dello pseudo-Dionigi. Sia la Gerachia celeste che quella ecclesiastica è organizzata e articolata secondo la triade di neoplatonica memoria (Plotino e Giamblico)

In CH 3.1.164 D l'autore da la definizione di gerarchia. Tre termini costituiscono la gerarchia: *τάξις* (ordine sacro), *ἐνέργεια* (attività) e *ἐπιστήμη* (scienza)[120].

Con il termine ἱεραρχία, appannaggio esclusivo del mondo creato, Dionigi cristallizza, quella "ossessione" per gli intermedi tipica del Neoplatonismo post-plotiniano, soprattutto procliano. Il carattere sacro si definisce come qualcosa di tramandato da Dio e appartenente al mondo della creazione; "sacro principio" o "sacro comando", la gerarchia è costituita da un ordine, una scienza e un'attività

[119] Pur avendo scelto per le opere del *Corpus* le denominazioni latine, si è preferito per il *De coelesti hierarchia* mantenere il titolo in originale greco, per sottolineare la centralità che si vuole dare a CH nel presente lavoro, confrontandola con il commento medievale che ne fa Giovanni Scoto, l'*Expositiones in ierarchiam coelestem*.

[120] «Dunque, colui che dice gerarchia indica una disposizione del tutto sacra, immagine della bellezza divina che santamente opera negli ordini e nelle scienze gerarchiche i misteri della propria illuminazione e che si conforma al proprio principio per quanto può. Infatti, per coloro che hanno avuto in sorte la gerarchia la perfezione consiste nell'ascendere all'imitazione di Dio secondo le proprie possibilità e nel divenire, come dice la Scrittura, collaboratori di Dio, cosa, questa, senza dubbio più divina di tutte, e nel mostrare che si manifesta in se stessi, per quanto è possibile, l'attività divina»: CH 165 B 3-11. Cf. «Riprodurre l'ordine, la scienza e l'attività di Dio, per quanto all'uomo è permesso, è il traguardo che un'organizzazione così intesa porta con sé. Divenire imitatori di Dio e delle funzioni tramite le quali Egli stesso amministra la creazione: questo è il compito di chi appartiene alla gerarchia»: A. TAVOLARO, *Lo Pseudo Dionigi Areopagita. Dalla* Hierarchia *alla* Theologia, Diss., Università degli Studi di Salerno, Anno Accademico 2012-2013, pp. 79-80.

e nel suo complesso racchiude tutto ciò che proviene da Dio e che da Lui viene creato[121].

CH è strutturato all'interno di premesse platoniche[122], che l'autore adatta di volta in volta integrandoli con i dati biblici.

Le raffigurazioni angeliche sono simboli[123], veli sotto i quali si cela la divinità. Ricavati dal mondo sensibile, essi sono luce che riflettono in qualche modo il Bello. I simboli hanno anche valore pedagogico, in quanto si riferiscono alla grandezza degli angeli (ricavati dai gradi superiori) e a ciò che gli angeli non sono (ricavati dai gradi inferiori)[124].

> Dal momento che l'ordine della gerarchia consiste nel fatto che gli uni siano purificati e gli altri purifichino, che gli uni siano illuminati e gli altri illuminino, che questi siano portati alla perfezione e quest'altri rendano perfetti, secondo tale modo a ciascuno converrà l'imitazione divina. La divina beatitudine, per usare un linguaggio umano, è libera da ogni dissimilitudine e piena di luce eterna, perfetta e non bisognosa di alcuna perfezione, atta a purificare, illuminare e rendere perfetti (...). Ed è causa di ogni gerarchia, in alto per eccellenza da ogni cosa sacra[125].

---

[121] *Ibid*, p. 70.

[122] Oltre alla dottrina sui dèmoni (*Convivio* I 201d) e alla teoria della *medietà* (diventando cosmologia in (*Timeo* 31b 5), c'è la teoria della *imitatio dei* (*Teeteto* 176b 1) che si completa in "colui che è a Dio amico".

[123] A. PALUSINSKA, *Dionigi Areopagita e la sua teoria del simbolo* in https://www.academia.edu/3018416/Dionigi_Areopagita_e_la_sua_teoria_del_simbolo_unpublished [accesso: 10.04.2017]: «non siamo capaci di conoscere la realtà non sensibile attraverso le cose sensibili. Secondo questa opinione non si devono usare simboli parlando degli ordini celesti, perché allora la realtà spirituale viene ridotta a quello che è sensibile, viene minimizzata e non viene mantenuta la verità sulla sua natura. Per mezzo delle rappresentazioni sensibili non conosciamo la verità

sulle cose divine, ma ci fermiamo sulla conoscenza delle cose sensibili, la quale non può dirci nulla sulla realtà superiore». Cf. CH II, 4-5.

[124] L'autore riflette sul ruolo del "simbolo", utilizzando il metodo catafatico e apofatico, indicando ciò che gli angeli "sono" (simili) e ciò che non sono (dissimili), riprendendo elementi visibili come la luce (elevate) e l'acqua (infime).

[125] CH 165 B 10 C 9.

Il linguaggio simbolico acquista allora una duplice valenza: i simboli devono "nascondere" le realtà a chi non è preparato a comprenderle; l'uomo non può conoscere senza un riferimento al sensibile[126].

I simboli devono essere superati dall'uomo, pur partendo da essi, per giungere all'intelligibile (capp. I-II). La gerarchia angelica diventa esemplare di quella umana.

Pseudo-Dionigi non dirà nulla di nuovo, ma esporrà organicamente e in maniera sistematica ciò che Dio stesso ha voluto tramandare.

I membri superiori sono illuminati direttamente da Dio[127] e a loro volta producono la purificazione dell'illuminazione per gli inferiori (capp. III-IV). La luce primordiale[128] «ad opera della quale abbiamo ottenuto l'accesso al Padre»[129] è per conoscere e per la contemplazione. È il "dono" di questa luce che permette all'uomo la conoscenza delle gerarchie angeliche. Gli iniziati, imitando Dio, grado massimo di

---

[126] Cf. A. TAVOLARO, *Lo Pseudo-Dionigi Areopagita. Dalla* Hierarchia *alla* Theologia, Diss., Università degli Studi di Salerno, Anno Accademico 2012-2013, p. 83: «L'origine e il senso della gerarchia consiste nell'interpretazione di oracoli e di scritti, di parole e di atti, tramite i quali la nostra gerarchia, secondo un'iniziazione più immateriale, quindi simbolica, ha ricevuto i doni divini velati sia per non farvi accedere i profani sia per l'intrinseca necessità umana di simboli a causa della sua propria materialità». EH 376 B-377 A: «noi diciamo che siffatti oracoli, quanti sono stati tramandati dai nostri divini iniziatori, sono molto venerabili e altri oracoli furono tramandati misticamente dagli stessi uomini santi mediante un'iniziazione più immateriale e in un certo qual modo già vicina alla gerarchia celeste da intelletto a intelletto, mediante parole sensibili, certo, ma tuttavia più immateriali perché al di fuori di ogni scritto. Ma neppure questi oracoli i nostri vescovi ispirati da Dio non li hanno tramandati alla comunità dei fedeli con pensieri scoperti, ma sotto forma di sacri simboli; infatti, non tutti sono santi né tutti hanno la conoscenza, come dice la Scrittura. Necessariamente, dunque, i primi maestri della nostra gerarchia, riempiti essi stessi del sacro dono della Tearchia sovra essenziale e inviati dalla bontà divina a comunicare questo dono agli altri, desiderando essi stessi ardentemente, in quanto resi divini, di innalzare e divinizzare quelli che stavano con loro, hanno tramandato sotto immagini sensibili le cose sovra celesti e sotto una forma varia e molteplice ciò che è chiuso in sé, sotto tratti umani le cose divine, sotto forma materiale le cose immateriali e sotto cose naturali quelle sovra essenziali, sia nelle iniziazioni scritte, sia in quelle non scritte, seguendo perfettamente le leggi sacre; e ciò non soltanto a causa dei profani, ai quali non è permesso neanche di toccare i simboli, ma anche perché come ho detto, la nostra gerarchia è in un certo senso simbolica, come si conviene a noi e ha bisogno delle cose sensibili per elevarci più divinamente da queste a quelle intelligibili».

[127] L'autore, riferendosi a Dio, utilizza un neutro plurale, indicando la "santità trascendente di Dio", cioè Dio stesso. Cf. CH II, 5 145B.

[128] CH I, 3 (124A): «Principio amante degli uomini».

[129] CH I, 2.

perfezione, attraverso la purificazione, illuminazione giungere alla perfezione, abbandonando ciò che è imperfetto così da innalzarsi alla scienza (*ἐπιστήμη*).

L'autore precisa che il termine "angelo" indica il grado più inferiore della gerarchia (cap. V). «Tutti gli esseri partecipano della Provvidenza divina. Quelli più vicini sono detti angeli»[130].

Inizia così la trattazione specifica degli angeli[131], partendo dagli ordini più vicini a Dio. Elenca nove ordini di angeli, raggruppati in tre triadi, dando per ciascuno di essi un significato etimologico che desume dall'ebraico:

a) Serafini: «quelli che ardono»[132].
Cherubini: «attitudine a conoscere Dio»[133].
Troni: «distacco dalla terra»[134].

Questa triade (cap. VII) è istituita direttamente da Dio: «sono veramente vicine a lui nella prima partecipazione della conoscenza delle sue luci divine e perché è stata data loro in modo eccellente l'imitazione della Divinità»[135]. Cita passi del Primo Testamento come *Is 40, 12.*

b) Dominazioni: «elevazione non servile e libera da ogni desiderio di ciò che sta in basso»[136].
Potenze: «virilità che mai s'indebolisce»[137].
Potestà: «dominio sui nemici»[138].

L'autore cita profeti del Primo Testamento come Ezechiele e Daniele.

c) Principati: «comandare e guidare»[139].

---

130 CH IV, 1 (177 C).

131 Trattazione artificiosa e per certi versi "adattata" alle esigenze dell'autore.

132 CH VII, 1 (205 B).

133 CH VII, 1 (205 C).

134 CH VII, 1 (205 D).

135 CH VII, 2 (208 C).

136 CH VIII, 1 (237 C).

137 CH VIII, 1 (240 A).

138 *Ibid.*

139 CH IX, 1 (257 B).

Arcangeli: «in maniera comune alla medietà gerarchica, abbraccia qualche cosa delle due estremità e ha rapporto con i santissimi Principati e con i santi Angeli»[140].

Angeli: «terminano e completano tutte le disposizioni delle intelligenze celesti»[141].

La triade del cap. IX è «l'ultima»[142] perché è più vicina a noi. Pseudo-Dionigi chiude quest'ultima triade citando la figura dell'Arcangelo Michele, «capo del popolo giudaico (...) a cui è stato «affidato ai santi Angeli [il compito] di conoscere il Principio unico di tutte le cose»[143].

Nel cap. XI l'autore parla di *Dànameis*, "potenza": si riferisce alle potenze in generale (a tutti gli ordini) e a quelle in senso stretto (2° ordine della 2° triade). Pseudo-Dionigi «sembra rendersi conto della contraddittorietà di questa duplice attribuzione e ne spiega le ragioni nel cap. II (...) applicando al mondo angelico la netta distinzione neoplatonica tra "sostanza", "potenza", "attività"»[144]. Quando si riferisce "in generale", l'autore parla della potenza presente in ciascuno degli angeli; al contrario, "in senso stretto" indica il carattere specifico che riguarda la funzione di quella classe determinata (e non è applicabile alle altre classi inferiori)[145].

Il cap. XIII è dedicato all'esegesi di *Is 6,1-8*, dove si legge che il profeta fu purificato da un Serafino e non da un Angelo (cf. cap. IX). L'autore persegue due possibili ipotesi:

a) l'inviato di Dio è un Angelo e il nome di "Serafino" richiama l'ardore (e non l'ordine) che indicava la purificazione del fuoco;
b) l'inviato di Dio è un Angelo che ricevette dai Serafini la potenza di purificare.

In entrambi i casi, pseudo-Dionigi lo identifica come un Angelo e non Serafino, pur lasciando al lettore il compito di trovare una nuova interpretazione[146].

---

[140] CH IX, 2 (257 C).

[141] CH IX, 2 (260 A).

[142] CH IX.

[143] CH IX, 4 (261 D)

[144] S. LILLA, *Dionigi l'Areopagita e il platonismo cristiano*, p. 224.

[145] Cf. CH XI 2 (41, 22-42, 7).

[146] Cf. CH XIII, 4 (308 A B).

Il *Περὶ τῆς Οὐρανίας Ἱεραρχίας* si conclude con altre immagini tratte dalla Scrittura.

Gesù, in quest'opera, non assume i tratti del "Figlio di Dio", Signore dell'universo. Ha un ruolo nel cammino che l'uomo compie verso il raggiungimento dell'unione con Dio: Gesù è Dio, in quanto capo della gerarchia celeste ed è uomo in quanto capo della gerarchia ecclesiastica.

Perde completamente rilievo la missione dello Spirito Santo.

L'autore «nel suo fermo proposito di esporre la sapienza cristiana entro lo schema neoplatonico tra l'Uno e il molteplice, non è riuscito a mettere nel giusto rilievo i grandi temi della tradizione ecclesiastica, alla quale vuole essere ed è fedele»[147].

Uno sforzo di tenere insieme l'unità e la molteplicità che avrebbe compiuto un "lettore" particolare, l'Occidente latino Medievale, volendo perseguire lo stesso ideale di pseudo-Dionigi: costituire un modello di ricerca e pensiero che tenga insieme la trascendenza divina (unità) e l'immanenza delle creature in relazione ad essa (molteplicità), in un sistema filosofico-teologico che salvaguardi la libertà delle creature e la volontà del Creatore.

Leggendo la CH non si può quindi non leggere anche EH in un rapporto di continuità identificato dalla figura del "vescovo" che condivide con gli angeli il ruolo teofanico di Dio, ponendosi a capo delle schiere umane per trasmettere agli individui i doni attinti dalla dimensione di *noesis*:

> (…) quella gerarchia, come ogni altra celebrata da noi, ha una sola e medesima potenza attraverso tutte le sue funzioni gerarchiche. Lo stesso vescovo, in conformità alla sua essenza, ruolo e vita, è iniziato nelle cose divine e ottiene la deificazione e tramanda a coloro che stanno dopo di lui, secondo il merito di ciascuno, la sacra deificazione che è già stata ottenuta da lui a opera divina, mentre gli inferiori seguono i superiori e indirizzano a loro volta quelli che sono più in giù verso uno stato superiore e anche si mettono davanti e guidano altri secondo la loro possibilità e, a causa di questa armonia divina e gerarchica,

[147] E. BELLINI, *Saggio introduttivo* in *Dionigi Areopagita. Tutte le opere*, p. 73.

ciascuno per quanto può, partecipa a ciò che è veramente bello, sapiente e buono[148].

Rapporto anche di discontinuità, in quanto le due gerarchie presentano differenze:

tuttavia, le essenze e gli ordini che ci precedono, dei quali abbiamo fatto già un santo accenno, sono incorporei e la loro gerarchia è intellettiva e sovramondana, mentre noi vediamo che la nostra, in conformità del nostro stato, è resa molteplice dalla varietà dei simboli sensibili, dai quali gerarchicamente veniamo elevati, secondo la nostra capacità, alla deificazione uniforme[149].

---

148 EH 372 C. 373 A.

149 EH 373 A-B.

Capitolo III

Lo pseudo-Dionigi e il Medioevo: l' *Expositiones in ierachiam coelestem*

L'uomo medievale è caratterizzato da una peculiare mentalità, definita da alcuni studiosi[150] "simbolica":

> in ragione di tale mentalità le cose del mondo fisico non devono essere considerate come autentiche realtà, *res*, dotate di un effettivo valore al quale l'uomo può fermarsi e che possono appagare la sua ricerca, ma semplici *signa*, che rinviano ad altro e disvelano, senza mai renderla del tutto conoscibile, la verità trascendente. Il mistero divino[151].

Tale mentalità ha come esperienza fondante l'approccio metodologico e meditativo alle Sacre Scritture: «la Bibbia come testo sacro è il luogo, fisico e metafisico al tempo stesso, in cui la verità divina è rivelata, in cui il *Verbum*, il Cristo Sapienza del Padre, parla nei *verba* finiti della ragione creaturale»[152]. Il buon esegeta deve sforzarsi di comprendere bene il testo, cogliendone gli insegnamenti in esso contenuto.

Tommaso d'Irlanda nel menzionare i fondatori dell'Università di Parigi parla di un Giovanni detto Scoto[153], di nascita irlandese, uno dei quattro commentatori delle opere del beato Dionigi. Così «il contributo di Giovanni Scoto Eriugena alle origini della sapienza medievale verrebbe a collocarsi in un momento centrale della *translatio studiorum*[154] dalla Grecia antica all'Europa scolastica»[155].

[150] Cf. J. Le Goff, *L'uomo medievale,* Laterza, Roma-Bari 1990. Cf. U. Eco, *Sugli specchi e altri saggi*, Bompiani, Milano 1985.

[151] F. Paparella, *Le teorie neoplatoniche del simbolo: il caso di Giovanni Eriugena*, p. 9.

[152] *Ibid.*

[153] Nel presente capitolo si sceglie di citare Giovanni Scoto Eriugena come Giovanni Scoto.

[154] Cf. G. d'Onofrio, Vera philosophia. *Studi sul pensiero cristiano in età tardo-antica, alto-medievale e umanistica*, Città Nuova, Roma 2013, p. 139: «il tema della *translatio studiorum*, inventato forse da Alcuino stesso con la sua esplicita affermazione di voler costruire una nuova Atene in Francia, appare come la giustificazione ideologica della *translatio imperii*. E la funzione

Secondo l'abate Ilduino di Saint-Denis[156], Dionigi era considerato, ancor prima della sua conversione, il più grande dei filosofi pagani, il quale aveva compreso «con la sola ragione non soltanto che esiste un Dio creatore dell'universo, ma anche che questo Dio ha sofferto per l'umanità»[157].

Il pensiero dell'Areopagita esprime una sintesi di cristianesimo e pensiero greco pagano, costruendo una struttura precisa del mondo cristiano, modificando in alcuni punti lo schema di Plotino, Giamblico e Proclo.

Giovanni Scoto rappresenta uno dei maestri medievali più importanti, che han posto le basi per una civiltà culturale cristiana, resa possibile dalla sintesi del pensiero filosofico antico-pagano e la fede cristiana nella possibilità di giungere alla verità.

3.1. Giovanni Scoto *magister palatii*

Una delle più accese dispute teologiche che caratterizzarono la speculazione medievale nell'età carolingia fu quella circa la predestinazione divina. Questa prendeva le mosse da un monaco, Godescalco di Orbais, che aveva difeso l'dea della *gemina praedestinatio*, della compresenza in Dio di una duplice predestinazione, alla salvezza per i buoni e alla dannazione eterna per i cattivi. A supporto di questa tesi il monaco di Orbais aveva addotto autorevoli passi scritturali e patristici[158].

In questa polemica, in cui furono coinvolti Icmaro e Pardulo, sotto cui ricadeva la giurisdizione di Godescalco, nel 851 d.C. fu chiamato l'irlandese Giovanni Scoto, *magister palatii* di Carlo il Calvo, incaricato dai due prelati di stendere una

---

del sapiente, che viene chiamato dall'imperatore a garantire la forza di un progetto politico con la difesa dell'idea religiosa che lo sostiene, risulta con chiarezza essere innanzi tutto, e in senso lato, una funzione teologica».

[155] *Ibid.*, p. 136.

[156] Ilduino nacque in Francia nel 775 c.a., fu abate dell'abbazia di Saint-Denis e arcicappellano dell'imperatore Ludovico il Pio. Morì a Parigi il 22 novembre 840.

[157] G. D'ONOFRIO, Vera philosophia. *Studi sul pensiero cristiano in età tardo-antica, alto-medievale e umanistica,* p. 137.

[158] A. BISOGNO, *Da Boezio ad Anselmo d'Aosta* in G. CAMBIANO-L. FONNESU-M. MORI (curr.), *Medioevo e Rinascimento*, Il Mulino, Bologna 2014, p. 39 (Storia della filosofia occidentale 2): «vale a dire sulla possibilità di interpretare, senza eccessive forzature, alcuni passaggi nei quali Agostino aveva mostrato le difficoltà di una giustificazione filosofica dell'arbitrio umano e su versetti biblici nei quali veniva apertamente indicata la capacità di Dio di conoscere prima dei tempi il destino di buoni e malvagi».

confutazione delle tesi dell'eretico. La figura più significativa dell'età carolingia faceva il suo ingresso nella speculazione teologica medievale. Le sue origini irlandesi si possono dedurre dal suo stesso nome: infatti egli è "scoto", abitante della *Scotia Maior*; inoltre, nei manoscritti egli si firmava *Eriugena*, cioè "nato in Irlanda".

Giovanni Scoto, pochi anni dopo la stesura del *De praedestinatione*, nel 843 trasferitosi alla corte di Carlo il Calvo si cimentò nella traduzione e commento latino degli scritti del *Corpus* dello pseudo-Dionigi, che avrà vasta influenza fino alla fine dell'età medievale.

La sua filosofia si mantiene fedele alla speculazione agostiniana e ai suoi rapporti col Platonismo e la teologia negativa. Per Scoto ragione e fede sono fonti valide di vera conoscenza, per questo non possono essere in contraddizione; se così fosse, è la ragione che deve prevalere. Questa affermazione gli valse il sospetto di eresia. Sulla sua morte circolarono diverse leggende, una delle quali racconta che dopo la morte del suo protettore Carlo il Calvo, si rifugiò in Inghilterra, dove venne assassinato da alcuni monaci che lo consideravano un eretico.

3.2. *Expositiones in ierarchiam coelestem*

Le *Expositiones* (ecclesiastica e celeste) costituiscono il commento dottrinale e linguistico alla traduzione della prima opera del *Corpus* dello pseudo-Dionigi che Giovanni Scoto stesso aveva eseguito nell'851 d. C, chiarendo gli aspetti essenziali della sua angelologia, cosmologia e gnoseologia.

Dopo il commento, Eriugena operò una revisione della traduzione, ma le *Expositiones* citano e commentano il testo della prima versione di Eriugena (*vetus*). La tradizione più antica offre il commento come testo autonomo e continuo, mentre un gruppo di manoscritti del *Corpus Dionysiacum* dell'Università di Parigi (XIII sec.) trasmettono la versione di Eriugena o quella di Giovanni Saraceno e il commento di Scoto al *De coelesti hierarchia* interpolato con estratti di altri commenti (Ugo di San Vittore, Massimo il Confessore)[159].

[159] Circa la critica testuale del *De coelesti hierarchia* si veda: http://www.mirabileweb.it/title/expositiones-in-caelestem-hierarchiam-title/6264 accesso [20.04.2018]: «la tradizione antica è rappresentata da cinque manoscritti, tra i quali solo il ms. Douai, *Bibliothèque* Municipale, 202 (D) è completo; gli altri presentano due vaste lacune e sono i mss. Vaticano lat. 652 (V), Paris, BnF, n.a. lat. 1490 (P), München, BSB, Clm 380 (M) e Basel, UB, O.IV.34 (B). 11 manoscritti del *corpus dionysiacum* dell'Università di Parigi trasmettono

Scoto, ispirandosi all'autore del *Corpus* recepisce lo schema della realtà ordinata gerarchicamente, per presentare la realtà che proviene da un'unica fonte e si articola in una serie di gradi successivi, dagli inferiori ai superiori. Se la realtà perdesse la sua unità primordiale, la recupererà ritornando al Principio, il quale diventa il fine del dinamismo dello sviluppo del reale. Il "ritorno" consisterà nel riportare ad unità ciò che il peccato aveva diviso; tutto si compirà nell'universale ritorno della natura umana alla perfezione. Le realtà inferiori si trasformeranno in quelle superiori «per riunire tutta la natura umana nella ragione, che può in seguito trasformarsi nella scienza universale, la scienza a sua volta può trasformarsi nella sapienza che contempla la verità, ed infine gli spiriti puri possono unirsi allo stesso Dio»[160].

Le sette arti liberali del Trivio e del Quadrivio introducono l'uomo alla conoscenza del divino[161]; per questo se l'universo è opera creativa di Dio, il linguaggio letterario e quello sacro delle Scritture è un modo per cogliere un aspetto dell'intelligibile[162]. A questo punto – come aveva già fatto nel *De praedestinatione* – Eriugena mostra una peculiarità nel suo metodo che non si appella ad autorità patristiche[163], ma alla disciplina che i greci chiamano filosofia, confidando nella

---

la *translatio vetus*, il commento e un testo di introduzione (inc. *Compellit me*); anche questi mostrano la lacuna testuale presente nel primo gruppo. J. Barbet propone una genealogia dei testimoni; dimostra che D è isolato non solo dalle lacune degli altri, ma anche da lezioni particolari, e che i 570 interventi di una seconda mano sul codice ripristinano le lezioni dell"antigrafo (D^2, che viene posto a base dell"edizione). Attribuisce l'origine delle lacune comuni a quasi tutti i mss. a un subarchetipo che abbia perso dei fascicoli, non identificabile con nessuno dei codici. conservati. Barbet ritiene inutili per la *constitutio textus* i mss. del *corpus* parigino, in quanto derivanti da V, che è a sua volta *descriptus* di P e con un testo corretto e adattato alla compilazione; solo il manoscritto Paris, BNF, lat. 17341 (C) viene collazionato, perché condivide alcune lezioni con un correttore di M. D e P avrebbero poi un subarchetipo in comune e cronologicamente vicino all'archetipo. Un problema critico riguarda il testo dello Ps. Dionigi da riprodurre nelle *Expositiones*: il manoscritto Paris BNF, lat 1618 ha parecchie lezioni singolari rispetto al testo attestato nei codici delle *Expositiones*. L'ipotesi, come dimostrerebbe un passo in cui Eriugena commenta una lezione diversa da quella a testo, è che un preliminare lavoro di revisione del testo avesse preceduto la redazione del commento».

160 Cf. A. KIJEWSKA, *Eriugena,* Wiedza, Warszawa 2005, pp. 105-115.

161 Cf. JOHANNES SCOTTUS SEU ERIUGENA, *Expositiones in ierarchiam coelestem,* 11, 3, 139C, ed. J. Barbet, Turnhout 1985 (CCCM, 31), p. 16, 542-548.

162 Cf. *Ibid.,* 2, 1, 146BC, p. 24, 146-158.

163 JOHANNES SCOTTUS SEU ERIUGENA, *De divinis nomibus,* 781C: «Non bisogna introdurre l'autorità dei Padri se non laddove sia assolutamente necessario rafforzare il ragionamento, per coloro i quali, ignorando il ragionamento, cedono piuttosto all'autorità che non alla ragione». È interessante precisare che mentre Giovanni Scoto "rifiuta" ogni autorità patristica - dove i Padri

capacità di comunicare la verità con un linguaggio umano, poiché ogni creatura (e dunque ogni linguaggio), visibile e non, è manifestazione di Dio: «omnis si quidem creatura, sive visibilis sive invisibilis, ratione approbante, theophania, hoc est Dei apparitio, et est et dicitur»[164].

Il termine *ratio* si ricollega a due significati che rimandano ad Agostino[165]: «in primo luogo, la ragione è fonte autonoma di conoscenze filosofiche; grazie alla ragione, per esempio, si sa che Dio è causa dei contrari, o ancora, prima che sia mostrato dall'autorità, che in ogni cosa il principio è identico alla fine»[166]. Altro

---

danno delle interpretazioni discordanti e si è costretti a scegliere in base soltanto a considerazioni razionali - utilizza una nuova autorità patristica, quella di Dionigi l'Areopagita, che non cesserà di influenzare la speculazione medievale. Cf. E. BRÈHIER, *La filosofia del Medioevo,* Giulio Einaudi, Torino 1980, p. 68; B. R. SUCHLA, *La teologia filosofica di Dionigi l'Areopagita e la sua ricezione nell'Occidente latino*, in *Fondamenti e inizi. IV-IX secolo*, Jaca Book-Città Nuova, Milano-Roma 2009, (Figure del pensiero occidentale, 1), pp. 193-285. Tuttavia, al di sopra dello pseudo-Dionigi lo Scoto pone come autorità superiore quella di Agostino e di Gregorio di Nissa: «nell'uno come nell'altro, egli trova soprattutto di che confermare e completare il platonismo di Dionigi: all'uno e all'altro egli richiede quelle interpretazioni della Scrittura che non si trovavano in Dionigi (...). Ma, sotto tutti gli altri aspetti, egli vede in sant'Agostino un platonico che afferma l'eternità delle idee, che nega (come Boezio) l'applicabilità delle categorie a Dio» (E. BRÈHIER, *La filosofia del Medioevo*, p. 71).

[164] GIOVANNI SCOTO ERIUGENA, *De divinis nomibus,* 4, 1, p. 72, 297-299.

[165] L'esito della "quarta conversione" di Agostino al platonismo era già insita nella domanda iniziale di verità (AGOSTINO, *Contra Academicos*, III, 9, 18, 943). Infatti «poiché la conoscenza del vero è un movimento dal meno perfetto al più perfetto, ossia un'ascesa dal sensibile e dal corporeo all'intelligibile, è proprio la dinamica dell'eros platonico che si concretizza nel progetto di assicurare per mezzo dello studio delle sette arti l'ascesa dell'anima dal sensibile al soprasensibile (...). Quella di Platone era una filosofia perfetta, unanimemente riconosciuta come tale da tutta la cultura greca antica, ma il pericolo per essa più grave si annidava proprio in questa sua perfezione: indicando un modello assolutamente intelligibile di verità, privo di mutevolezza e contaminazione con gli accidenti corporei, il Platonismo condannava gli uomini, immersi nel mondo sensibile, a un rapporto sempre e necessariamente incompiuto con la verità» (G. D'ONOFRIO, Vera philosophia. *Studi sul pensiero cristiano in età tardo-antica. Alto-medievale e umanistica*, pp. 59-60). La filosofia cristiana si presenta come "convertita", *certissima scientia*, punto di arrivo delle filosofie abbracciate da Agostina prima della sua conversione al Neoplatonismo. Questi è la prima delle dottrine a ricevere dalla conversione la correzione e consacrazione attraverso l'applicazione perfetta e compiuta delle arti liberali. Ma la vera conversione consiste «nel condurre la mente umana ad accettare che anche Diosi è espresso in parole e simboli e si è reso intelligibile nella sacra Scrittura, e che bisogna dunque comprendere e studiare i segni che in essa permettono tale espressione senza sottoporre a limitazione significativa il mistero cui alludono» (*Ibid.*, p. 65).

[166] E. BRÈHIER, *La filosofia del Medioevo,* p. 64.

riferimento all'Ipponate è proprio circa la gerarchia delle perfezioni, secondo la quale l'anima di un verme è posta al di sopra del sole.

Il filosofo va verso Dio nel considerarne progressivamente le opere. In questo itinerario «è difficile distinguere ciò che appartiene alla filosofia e ciò che emerge dalla teologia (...) rivelazione e scienza di Dio sono i due occhi di Dionigi componenti essenziali della sua nozione di *philosophia*»[167]. È istruito da Dio stesso circa le cose che riguardano Lui, così come i presbiteri ricevono l'insegnamento da parte dei loro vescovi. La filosofia alla base della riflessione cristiana greca parte dalla conoscenza dell'anima per poi intrecciarsi ad un'esperienza, impegnando pensiero ed esistenza. In questo passaggio, pseudo-Dionigi non solo si avvicina alle grandi linee della filosofia patristica greca, ma anche all'odine ecclesiastico, mettendo inevitabilmente in correlazione le due Gerarchie.

Nell'*ordo universitatis* angeli e uomini hanno un ruolo costitutivo e definito:

> costitutivi in quanto ordine, ma hanno il privilegio di poter tendere, in misura maggiore o minore a secondo della loro dignità gerarchica, alla conoscenza del principio ordinativo. L'animo umano in particolare contempla, nella sua costituzione, le virtù [intellettuali, razionali e naturali] (...) e questa gerarchia è immagine della gerarchia degli oggetti[168].

Pseudo-Dionigi suggerisce al commentatore Scoto che si appresta a tradurre il settimo capitolo della *hierarchia coelestis*, che la conoscenza si articola in teologica, fisica e morale, in relazione alla dignità delle tre realtà (intellettuali, razionali e naturali) a cui essa tende, seppur per vie diverse. Le tre virtù sono presenti in tutti gli animi, umani e celesti: «la *virtus intellectualis*, che al di là delle capacità naturali si rivolge alla causa unica di ogni cosa; quella *rationalis*, che invece, per propria capacità, tenta di conoscere la natura delle cose create; infine quella *moralis*, che analizza i moti naturali dell'animo»[169]. Secondo pseudo-Dionigi

---

[167] M.-M. DAVY, *Iniziazione al Medioevo. La filosofia nel secolo dodicesimo,* Jaca Book, Milano 1981, p. 94.

[168] A. BISOGNO, *Il metodo carolingio. Identità culturale e dibattito teologico nel secolo nono,* Brepols, Turnhout 2008, p. 369.

[169] ID., Sententiae philosophorum. *L'alto Medioevo e la storia della filosofia,* Città Nuova, Roma 2011, pp. 137-138.

il termine "virtutes" è giustamente accolto nella Scrittura come nome comune degli angeli nel loro insieme, anche se con questa denominazione sono indicati più propriamente quelli del quinto ordine gerarchico, per il fatto che tutte le intelligenze celesti sono costituite da una triade di fattori (...) e dunque come è possibile per analogia chiamarle tutte "essenze", così è anche possibile estendere a tutte il nome di "virtù"[170].

È evidente che Scoto supera pseudo-Dionigi, orientando in senso antropologico la triade neoplatonica, configurandosi in modo perfetto alla triade platonico-agostiniana delle facoltà conoscitive umane.

La particolarità di Dionigi è quella di aver introdotto, attingendo alla tradizione pagana e cristiana, un ordine del Cosmo, la gerarchia; di qui «la visione dell'universo spirituale nel quale diviene possibile alle intelligenze spiritualizzate unirsi a Dio. La Sapienza ha disposto ciascuna delle sue creature secondo un ordine preciso»[171]. Per l'Areopagita la conoscenza si realizza attraverso una continua opposizione: l'intelligenza angelica – che ignora l'uso dei simboli, perché capace di apprendere direttamente senza intermediazione – e l'intelligenza umana – che ha bisogno di simboli per poi abbandonarli[172].
Se l'ordine è sinonimo di percorso, «i filosofi del passato, incapaci di accedere all'intuizione di Dio, hanno tramandato la perfetta scienza razionale, quella che raggiunge una corretta anche se mai esaustiva analisi della natura delle cose create in quanto segni visibili di un ordine»[173]. Il cristiano è chiamato, attraverso il suo cammino di iniziato, a far convergere tutti questi sforzi nella persona del Cristo: per

---

[170] G. D'ONOFRIO, Inoperans gratia. *Problemi del neoplatonismo cristiano ed ermeneutica trinitaria di atto e potenza in Giovanni Scoto Eriugena,* in Atti del colloquio internazionale su l'atto aristotelico e le sue ermeneutiche (Laterano, 17-19 gennaio 1989), a cura di M. S. Sorondo, Herder, Roma 1990, pp. 347-348. Cf. JOHANNES SCOTTUS SEU ERIUGENA, *Expositiones in ierarchiam coelestem,* 11, 2.

[171] M.-M. DAVY, *Iniziazione al Medioevo. La filosofia nel secolo dodicesimo*, p. 92.

[172] Cf. *ibid.*, pp. 92-93: «l'ordine perfetto è costituito dai monaci, che si devono considerare come gli iniziati. La loro vita è priva di divisione, essa è "una". Grazie a questa unità perfetta, il monaco può arrivare alla perfezione dell'amore di Dio (...). Una tale unificazione interiore rifiuta tutto ciò che potrebbe minacciare l'unità dell'anima (...). L'unità realizzata permette al monaco di dedicarsi alla scienza delle realtà sante, di situarsi al di là di ogni dissomiglianza, di pervenire alla monade deiforme e di vivere una "filosofia perfetta"».

[173] A. BISOGNO, Sententiae philosophorum. *L'alto Medioevo e la storia della filosofia*, p. 170.

questo Dionigi utilizza l'immagine dei fiumi che fuoriescono dalla fonte e ad essa ritornano[174].

Seguendo le pagine del Commento eriugeniano si delinea un trascendere il dato sensibile e storico verso una conoscenza alta e nobile, in cui la razionalità non esaurisce tutta la conoscibilità dell'universo creato: l'intuizione noetica, che aspira alla *contemplatio*. La triade neoplatonica

> diventa così principio di riconoscimento da parte delle creature intelligenti tanto della verità eterna delle cose create nella mente di Dio, quanto della concretizzazione fattuale di tale verità divina nelle cose create. Ogni creatura viene con questo ad essere considerata due volte sintesi di essenza e di potenza-atto: eternamente (...) e temporalmente[175].

Agostino, richiamando la prova dell'infinità dei numeri[176], riconosce come fondamento dell'intelligibilità dell'universo l'ordine reale: Dio conosce in una sintesi di potenza e atto ciò che nel tempo è scisso in un prima e dopo.

Sulla scia della teologia agostiniana Giovanni Scoto, commentando pseudo-Dionigi, precisa termini della tradizione neoplatonica, coniugandoli e integrandoli con quella cristiana, assumendo un nuovo significato metafisico per illustrare un processo che altrimenti sarebbe inconoscibile per l'uomo, nonché impraticabile.

La duplicità della triade (sostanziale e accidentale) permette a Scoto di intendere l'atto naturale di esistere (*ενεργεια*) come discesa e ritorno, a seconda che si intenda la triade accidentale – che è sottoposta alla corruzione, quindi alla discesa dell'essenza negli accidenti – o quella sostanziale – che è divina, quindi

[174] Cf. JOHANNES SCOTTUS SEU ERIUGENA, *Expositiones in ierarchiam coelestem,* 139 C-140 A, p. 16, 542-545. 550-561.

[175] G. D'ONOFRIO, Inoperans gratia. *Problemi del neoplatonismo cristiano ed ermeneutica trinitaria di atto e potenza in Giovanni Scoto Eriugena,* pp. 352-353.

[176] Cf. *ibid.,* p. 355: «l'esempio dei numeri è dunque illuminante anche per approfondire ulteriormente il senso della duplicità metafisica della dottrina di atto e potenza in Giovanni Scoto: potenzialmente in atto nella mente che conosce, i numeri sono portati ad essere fuori della mente quando essa li riconosce nel molteplice e nell'accidentalità corporea, ossia nell'attualità della potenza; ma già nella mente divina la potenzialità in potenza dei numeri nella monade si è precedentemente attuata, proprio perché l'intelligenza creata possa in quella divina riconoscerli con una diretta intuizione noetica della loro perfezione naturale infinita, ossia attualmente in atto».

incorruttibile, e il suo venire ad atto è il compimento escatologico di un a perfezione che "tende" a realizzarsi.

Per Giovanni Scoto è il peccato originale che ha provocato la corruzione dell'accidentalità delle creature, non intaccando la loro sostanza naturale, portando l'uomo ad allontanarsi dalla verità della causa divina, cadendo nell'oblio e nella perdita[177].

> Est enim fons non deficiens et, in omnia quae sunt, infinita numerositate profluens. Et non solum in omnia manat et provenit, ut subsistant, verum etiam universa quae, ex ipsa, et in ipsa, et per ipsam subsistunt, in unam ineffabilem armoniam coaptat, ita ut universitatemultiplex sit per infinitam multiplicationes, et in ipsa omnia unum sint per incomprehensibilem dunationem[178]

Sin dalle prime parole del *Expositiones in ierarchiam coelestem*, Giovanni Scoto ha manifestato l'idea, maturata proprio nel mondo carolingio, di un *ordo universitatis* intrecciato con un perfetto quadro ontologico

> attingibile alla tradizione neoplatonico-cristiana orientale, trasformandosi nella visione assolutamente sistematica e coerente di una universale armonia (*in unam*

[177] Ritorna il concetto agostiniano di "caduta", con cui Agostino intende il peccato originale di Adamo, che perde il paradiso della conoscenza di sé (*imago Dei*) e di Dio. Sposando l'idea di Massimo il Confessore, Giovanni Scoto afferma che «il male consiste nel non aver portato ad atto le potenzialità presenti fin dalla creazione nella natura umana: cosicché soltanto se non avesse peccato, e se avesse invece aderito perfettamente all'attualità universale della conoscenza e della volontà divine, l'uomo avrebbe potuto esse *omnipotens*, ossia capace di conoscere con il proprio intelletto l'essere di tutto il creato e di volere direttamente con il proprio desiderio tutto ciò che, in quanto voluto da Dio, accade nella natura» (G. D'ONOFRIO, Inoperans gratia. *Problemi del neoplatonismo cristiano ed ermeneutica trinitaria di atto e potenza in Giovanni Scoto Eriugena,* p. 359).

[178] JOHANNES SCOTTUS SEU ERIUGENA, *Expositiones in ierarchiam coelestem,* 1, 1, 127 A B, p. 1, 11-17: «l'illuminazione è infatti una fonte che non viene meno e che sfocia con infiniti rigagnoli in tutte le cose che sono. E non solo si diffonde con abbondanza in ogni cosa, affinché esista; in verità tutte le cose che sussistono da essa, in essa e per essa, le adatta in un'indicibile armonia, cosicché sia molteplice nella totalità per un'infinita molteplicità, ed in essa stessa tutte le cose costituiscano un'unità per un'incomprensibile sintesi».

ineffabilem armoniam coaptat) indicibile, nella quale trova senso tanto la divisione dell'uno nel molteplice, quanto il ritorno del molteplice all'uno[179]

L'universo si fonda su questa armonia e proprio per questo riveste un qualcosa di intelligibile per la mente. Infatti «ogni aspetto conoscibile del creato, dal più ampio e comprensibile al più specifico e determinato è indizio del superiore ordinamento costitutivo dell'universo»[180]. Ciò è evidente dal discorso che Scoto fa circa il significato del nome *deus* in greco come *nomina* la cui origine li associa come *symbola* utili per conoscere il divino[181].

3.2.1. La teoria del simbolo[182]

La traduzione del *Corpus Dionysiacum* e il commento alla *Gerarchia Celeste* fatta da Giovanni Scoto portarono alcune innovazioni alla semiotica medievale, prima di tutto nella terminologia: la parola *symbolum*, che era stata precedentemente usata nei testi latini come nome per il Credo niceno-costantinopolitano (325 d.C.), è ora introdotto dall'irlandese come termine tecnico[183].

Teologi della prima metà IX sec., come Rabano Mauro e Massenzio di Aquileia[184] intendono la parola "simbolo" come "segno" o "alleanza" (*collatio,*

---

[179] A. BISOGNO, *Il metodo carolingio. Identità culturale e dibattito teologico nel secolo nono,* p. 367.

[180] *Ibid.*

[181] Cf. JOHANNES SCOTTUS SEU ERIUGENA, *Expositiones in ierarchiam coelestem,* 130 C-131 A, p. 5, 171-180.

[182] La teoria del simbolo è un elemento centrale del pensiero dionisiano. E. S. MAINOLDI, *Dietro 'Dionigi l'Areopagita'. La genesi e gli scopi del* Corpus Dionysiacum, p. 363: «l'importanza del simbolo per lo pseudo-Dionigi risiede essenzialmente nel costituire questo la modalità di manifestazione, in quanto visibile e conoscibile, di ciò che è invisibile e inconoscibile, ovvero un fondamentale tassello del processo attraverso cui i divini misteri prendono la forma che, velandoli, li rivela. Il simbolo costituisce lo strumento principale dell'azione conoscitiva e deificante della gerarchia». Il simbolo manifesta e al contempo nasconde ciò che rappresenta.

[183] Cf. S. BONFIGLIOLI-C. MARMO, *Symbolism and Linguistic Semantics. Some Questions (and Confusions) from Late Antique Neoplatonism up to Eriugena*, in *Vivarium* 45 (2007), pp. 238-239. Nel presente lavoro il testo di questo articolo inglese è citato in traduzione italiana eseguita dallo scrivente.

[184] Rabàno Mauro Magnenzio nacque a Magonza tra il 780-784 d.C. Erudito dell'epoca carolingia, fu dapprima abate di Fulda e poi successivamente arcivescovo di Magonza, dove morì il

pactum). Quest'ultimo significato, secondo loro, «deriva dal fatto che i Padri della Chiesa hanno raccolto tutte le verità di fede nel testo del Credo, in modo che le verità possano essere ascoltate, conosciute e anche memorizzate da persone illetterate»[185]. Il "segno" richiama anche ai segni militari che consentivano ai soldati di un esercito di distinguere i loro commilitoni dai loro nemici.

«Il Credo è stato quindi considerato importante per l'identificazione di un gruppo di persone, a causa della sua funzione di discriminare tra veri e falsi credenti»[186].

Seguendo pseudo-Dionigi, Giovanni Scoto cerca di armonizzare la metafisica con la teoria della manifestazione del divino mediante *symbola* e *similitudines*[187].

Il simbolo – nei primi capitoli dell'*Expositiones in ierarchiam coelestem* – è lo strumento utile per conoscere le intelligenze angeliche e, attraverso di esse, dell'essenza tearchica[188]. Tutto ciò è ben evidente nella Scrittura, in cui i *symbola* sono utilizzati dal testo sacro per svelare al lettore le gerarchie angeliche e il divino. I *symbola* sono i mezzi con cui la Bibbia, il testo sacro, porta a disvelamento le gerarchie angeliche e il divino. La natura «di queste realtà è tale da rendere impossibile ogni autentica espressione attraverso il linguaggio finito: Dio è infinito e assolutamente semplice e ogni attributo concettuale-linguistico non può coglierne l'autentica natura»[189].

---

4 febbraio 856. Massenzio nacque ad Aquileia nel 837 d.C. e divenne patriarca dell'omonima città dall'811 al 837 d.C.

[185] S. Bonfiglioli-C. Marmo, *Symbolism and Linguistic Semantics. Some Questions (and Confusions) from Late Antique Neoplatonism up to Eriugena,* p. 239.

[186] *Ibid.*

[187] Cf. Johannes Scottus seu Eriugena, *Expositiones in ierarchiam coelestem,* I, 2. «Le *Expositiones* appaiono come un documento di capitale rilevanza per comprendere la simbologia eriugeniana in rapporto alla dottrina di Dionigi (…). Analizzando alcuni concreti esempi di espressioni simboliche proposte da Dionigi, propone una propria decifrazione e spiegazione dei *symbola* in questione, non mutuata dall'analisi dionisiana» (F. Paparella, *Le teorie neoplatoniche del simbolo: il caso di Giovanni Eriugena*, pp. 100-101). Pseudo-Dionigi afferma che «i simboli prendono origine da una rivelazione e sono trasmessi dai membri della gerarchia secondo modalità iniziatiche impiegando un neologismo che appare coniato *ad hoc* per sottolineare la sacralità delle forme simboliche (…), sacra formazione» (E. S. Mainoldi, *Dietro 'Dionigi l'Areopagita'. La genesi e gli scopi del* Corpus Dionysiacum, p. 366). Questo neologismo, che ricorre ben otto volte del *De celesti hierarchia*, sottolinea la funzione "iniziatica" del simbolo, che tiene lontani i profani. La rivelazione dei simboli nella Scrittura prepara l'eletto ad elevarsi alla conoscenza delle realtà intelligibili (Cf. CH I, 2, 124A).

[188] Cf. Johannes Scottus seu Eriugena, *Expositiones in ierarchiam coelestem,* I, 256-282.

[189] F. Paparella, *Le teorie neoplatoniche del simbolo: il caso di Giovanni Eriugena*, p. 101.

Nel commento di Eriugena alla *Gerarchia celeste*, la parola simbolo mantiene la sua connessione con il segno, e in alcuni contesti si riferisce a un tipo speciale di segno. I simboli – dice – sono "segni" che a volte sono simili alle cose sensibili in modo puro, a volte non simile ma confuso[190].

Nel secondo capitolo dell'*Expositiones* Giovanni Scoto paragona i *symbola* ad immagini che indicano un "oltre" la normale connotazione segnica; «il segno simbolico non sta per la cosa che convenzionalmente denota in quanto *semeion*; nel simbolo si fa riferimento attraverso il segno, e attraverso la realtà a esso convenzionalmente associata, a un differente oggetto»[191]. Per far comprendere al lettore questo, il maestro palatino introduce il parallelo tra i simboli e l'arte poetica: come questa, attraverso similitudini e allegorie nei racconti fantastici, propone verità di carattere morale, così analogamente fa la teologia nel presentare il trascendente attraverso simboli.

Il simbolo agisce come un velo: «la contemplazione della luce divina, del *radius* che da Dio procede e che in Dio sussiste, infatti, non è possibile se non attraverso una serie di sacri veli che circondano nascondendo la stessa luce del Principio»[192].

Successivamente – riprendendo Dionigi – elenca una sorta di censimento di luoghi e tipologia dei simboli. Nel *De coelesti hierarchia* le manifestazioni della "luce divina" sono identificate nelle visioni profetiche contemplate dai teologi[193], visioni che dal maestro palatino sono accostate ai *symbola* con cui i profeti hanno descritto la Trinità e le gerarchie celesti. Nel *De ecclesiastica hierarchia* i "sacri veli" sono identificati con i sacramenti, i simboli contenuti nella legge: il tabernacolo dell'arca dell'alleanza con i cherubini; il battesimo, il calice del vino e il sacerdote.
Scoto aggiunge alla lista dei simboli anche le allegorie il cui significato superficiale consiste in un evento storico e in un semplice passaggio del testo che non fa riferimento ad un fatto realmente accaduto; ambedue vengono re-interpretati esplicitandone il significato nascosto.

---

[190] S. BONFIGLIOLI-C. MARMO, *Symbolism and Linguistic Semantics. Some Questions (and Confusions) from Late Antique Neoplatonism up to Eriugena*, p. 239.

[191] *Ibid.*, p. 102.

[192] *Ibid.*, p. 102. Cf. JOHANNES SCOTTUS SEU ERIUGENA, *Expositiones in ierarchiam coelestem,* I, 355-384.

[193] Cf. ID., *Expositiones in ierarchiam coelestem,* I, 387.

In questa disanima delle diverse tipologie di simboli Giovanni Scoto evidenza che ogni ordine di realtà costituisce una manifestazione «impropria e obliqua del divino»[194].

Il maestro irlandese, proseguendo la sua analisi sul simbolo, introduce la distinzione tra simboli "puri" e quelli *dissimilia et confusa*[195]. Un simbolo è *dissimilis* «se è il risultato di una sovrapposizione e fusione di differenti immagini (...) l'attributo *confusa* rimanda, invece, all'idea di un segno non semplice e ben definito»[196]. I simboli non dissimili sono definiti *signa sensibilibus rebus similia*[197], quelli dissimili non hanno nessuna affinità con gli enti concreti e appaiono del tutto difformi rispetto alla realtà trascendente alla quale rimandano: «sono rappresentanti da immagini inadeguate o persino mostruose e appaiono, pertanto, nella loro bassezza, del tutto incapaci di descrivere la perfezione delle nature angeliche di Dio»[198].

Nel secondo capitolo dell'*Expositiones* Giovanni, dopo aver distinto la teologia apofatica[199], da quella catafatica, afferma che nel discorso intorno a Dio può esservi una significazione[200]:

- *vere*: nega di Dio ogni positività;
- *non autem vere*: attribuisce a Dio ogni qualità.

Solo la negazione può essere considerata vera in sé, mentre l'affermazione ha una valenza *metaphorica*[201]. Il simbolo, cercando di afferrare qualcosa della realtà divina,

---

[194] F. PAPARELLA, *Le teorie neoplatoniche del simbolo: il caso di Giovanni Eriugena*, p. 104.

[195] JOHANNES SCOTTUS SEU ERIUGENA, *Expositiones in ierarchiam coelestem,* I, 262.

[196] F. PAPARELLA, *Le teorie neoplatoniche del simbolo: il caso di Giovanni Eriugena*, p. 104.

[197] JOHANNES SCOTTUS SEU ERIUGENA, *Expositiones in ierarchiam coelestem,* I, 261: «segni simili alle realtà sensibili».

[198] F. PAPARELLA, *Le teorie neoplatoniche del simbolo: il caso di Giovanni Eriugena*, p. 104.

[199] JOHANNES SCOTTUS SEU ERIUGENA, *Expositiones in ierarchiam coelestem,* I, 469-546. F. PAPARELLA, *Le teorie neoplatoniche del simbolo: il caso di Giovanni Eriugena*, p. 111: «le ragioni dell'inconoscibilità di Dio e delle realtà trascendenti risiedono nella condizione henologica del primo Principio. L'essenza divina *supereminet* ogni realtà creata; come tale Dio non può venir assimilato a nessuna delle cose che sono, poiché è a tutte superiore per dignità e potenza».

[200] Cf. *ibid.*, 517.

[201] *Ibid.,* 527. Si applicano alla definizione dell'essenza divina elementi ad essa estranei, dal significato improprio.

fornisce una descrizione parziale e limitata. Per questo la stessa negazione non deve essere considerata un'affermazione circa la natura divina.
I simboli dissimili hanno una funzione pedagogica:

> l'utilizzo di simboli mostruosi permette di celare le verità somme a coloro che non sono in grado di conoscerle; solo coloro che sono "puri" e "santificati" sono anche *digni* di cogliere la verità. Se tale verità fosse comunicata dalle Scritture direttamente, senza alcuna forma di *velamen* a sua protezione, essa diverrebbe attingibile da chiunque, con il pericolo di falsificazioni e abusi. Quanti sono in grado di comprenderla a pieno possono decodificare la cifratura simbolica e cogliere il senso autentico del testo sacro[202].

In definitiva questi simboli permettono alla creatura di comprendere ciò che non sarebbe in grado di cogliere, ascendendo alle gerarchie celesti. Il legame è descritto da Giovanni Scoto come *dissimiles similitudines*[203] - ripresa dallo pseudo-Dionigi quando questi descrive la teologia di simboli - intese come immagini che affermano l'incommensurabilità del divino rispetto al linguaggio (inadeguato) utilizzato; oppure si riferiscono alle ipostasi superiori nella realtà inferiore. Il simbolo dissimile rompe il rapporto tra segno e oggetto, rimarcando la tradizione neoplatonica-dionisiana circa l'incolmabilità della distanza tra oggetto del discorso teologico e gli strumenti linguistico-concettuali. L'immagine non può esaurirsi in sé stessa ma deve condurre ad un superamento e negazione[204]. Per la stessa ragione risulterebbero altrettanto pericolose le immagini perfette che raffigurano il divino in forma umana: «rischiano di trattenere l'uomo nella contemplazione del mero segno, di impedirgli *ultra eas virtutem intime contemplationis erigere* e di conoscere così la verità»[205]. Il maestro irlandese - chiarito questo - presenta un concreto esempio, dedotto dalle virtù umane e dal modello della "condotta" divina[206].

Così come aveva fatto pseudo-Dionigi, anche Giovanni Scoto elabora una tassonomia dei vari livelli ella realtà materiale dai quali si possono desumere

---

[202] F. PAPARELLA, *Le teorie neoplatoniche del simbolo: il caso di Giovanni Eriugena*, p. 105.

[203] JOHANNES SCOTTUS SEU ERIUGENA, *Expositiones in ierarchiam coelestem,* II, 728-729.

[204] Cf. ID., *Expositiones in ierarchiam coelestem,* II, 1164.

[205] F. PAPARELLA, *Le teorie neoplatoniche del simbolo: il caso di Giovanni Eriugena*, p. 107.

[206] Cf. JOHANNES SCOTTUS SEU ERIUGENA, *Expositiones in ierarchiam coelestem,* II, 756ss.

immagini simboliche degli ordini celesti e della medesima essenza del divino (il Cristo).
Ci sono simboli derivanti dal mondo materiale dedotti *ex luminibus pretiosis* (sole o stella del mattino), *ex mediis* (fuoco e acqua) oppure *ex novissimis* (a partire dalle realtà ultime).

> Il maestro palatino sembra ritenere che tanto più puro è il simbolo impiegato, tanto più immediata sarà la sua decodifica: la complessità del rimando metaforico-simbolico è connessa con la distanza tra ordine della realtà simboleggiata e ordine della realtà simboleggiante (…) I simboli "ex luminibus pretiosis", tratti dalla più lata sfera del mondo materiale, risultano di facile interpretazione: come il sole è la più perfetta delle realtà, così anche il Cristo è al vertice del Tutto (…)[207].

L'analogia sole/Cristo è data dalla stessa funzione che svolgono nei due piani (ordini) differenti: Cristo per le realtà spirituali, il sole per quelle materiali (universo): «(…) come il sole rimanda a Cristo e alla più perfetta teofania, così la stella del mattino costituisce un simbolo dell'illuminazione dell'anima del credente per fede, mentre l'aurora è *imago* dello splendore della condotta umana nella speranza della beatitudine»[208].
I simboli *ex mediis* ed *ex novissimis* sembrano avere una de-codificazione più complessa: il fuoco può essere connesso al sole e dunque paragonato al Cristo[209]. Il fuoco viene considerato la prima tra le immagini simboliche, perfetta *similitudo* in grado di "esprimere" il trascendente; non a caso è il simbolo proprio dei Troni e dei Serafini, ordini angelici più alti della prima gerarchia.

Altro simbolo che indica il Cristo è la pietra angolare[210] e il maestro palatino ne motiva l'uso facendo riferimento alla natura umana e divina del Cristo che riunisce in sé pagani e giudei, umano e divino, maschio e femmina, come la pietra angolare tiene uniti due elementi diversi e tra loro indipendenti.

---

207 F. PAPARELLA, *Le teorie neoplatoniche del simbolo: il caso di Giovanni Eriugena*, p. 109.

208 *Ibid.* Cf. JOHANNES SCOTTUS SEU ERIUGENA, *Expositiones in ierarchiam coelestem,* II, 947-950.

209 Giovanni Scoto nel quindicesimo capitolo delle *Expositiones* approfondisce l'indagine sulla virtù simbolica del fuoco.

210 Cf. JOHANNES SCOTTUS SEU ERIUGENA, *Expositiones in ierarchiam coelestem,* II, 1014ss.

Interessante è un'altra *imago* del Cristo, riprendendo dei passi neotestamentari, quella del leone. Simbolo della forza, rimanda alla *fortitudo et furor rationabilis Christi*[211]. Proprio perché simbolo della fortezza, questa combatte i vizi e le potenze infernali che costantemente minacciano l'uomo.

La quarta immagine divina analizzata è la pantera:

> (...) la pantera è imago Christi per metaphoram, in quanto alla ferocia della belva corrisponde lo zelus di Cristo, l'irriducibile volontà divina di sconfiggere ogni forma di irrazionalità nell'anima dell'uomo, oppure e contrario, in quanto la crudeltà della pantera è l'immagine invertita della mitezza del Salvatore che vuole la salvezza e la conquista della verità per tutti gli uomini[212].

Giovanni Scoto chiude la sua rassegna sui simboli difformi sottolineando l'importanza di tali segni: tanto più la realtà è vile tanto *magis significare*, tanto più è in grado di "narrare" del trascendente.
Servendosi della metafora solare – cara ai neoplatonici, impiegata nel primo capitolo – Giovanni descrive la natura del cosmo come movimento di processione e di ritorno del Tutto a Dio. Poiché il divino è la sorgente dalla quale tutto procede, egli mantiene un legame con le creature.

Nel quarto capitolo dell'*Expositiones* l'autore analizza il tema della teofania[213], manifestazione o illuminazione del divino, che è il di-svelarsi dell'essenza divina, della Trinità. Seguendo pedissequamente le indicazioni del testo dionisiano, Giovanni Scoto approfondisce l'analisi della natura di questo disvelamento. Questi non può avvalersi di nessuna immagine, in quanto il sapere che si produce è di natura intellettuale, simile alla conoscenza offerta dall'indagine teologica. Questo viene ripreso anche nell'ottavo capitolo dell'*Expositiones*[214].

Nel sesto capitolo dell'*Expositiones* il maestro palatino – commentando il passo paolino *1 Cor. 13, 9* – distingue una conoscenza *per fidem, per speciem* e una *per*

---

[211] *Ibid.*, 1041-1042.

[212] F. PAPARELLA, *Le teorie neoplatoniche del simbolo: il caso di Giovanni Eriugena*, p. 111. Cf. JOHANNES SCOTTUS SEU ERIUGENA, *Expositiones in ierarchiam coelestem,* II, 1047-1053.

[213] Cf. JOHANNES SCOTTUS SEU ERIUGENA, *Expositiones in ierarchiam coelestem,* IV, 310-510.

[214] Cf. *Ibid.,* VIII, 335-565.

scientiam[215]: una conoscenza attraverso la fede distinta da una simile a una contemplazione diretta (*per speciem*) avvicinabile a un sapere *per scientiam*. Il sapere profetico – di cui parla l'Apostolo – prefigura il secondo livello. Il sapere *per fidem* si avvale di simboli e similitudini mentre il sapere *per scientiam,* livello superiore di manifestazione del divino, consente una conoscenza di Dio del tutto diversa.
Distinta la conoscenza, può differenziare i simboli intellegibili da quelli sensibili; i secondi sono i sacramenti della legge antica; i primi si configurano assenti di ogni riferimento alla realtà materiale: «la teofania costituisce la manifestazione noeticamente coglibile di una forma (*species*) della verità e della natura divina, *per sé* del tutto ineffabile per ogni intelletto»[216].

Le immagini che si riferiscono alle attività angeliche appartengono al mondo sensibile e, come tali, sono caratterizzate dall'estinzione. In modo analogo la dimensione celeste, libera dal molteplice, è presentata come semplice. Il simbolo riesce a conservare la sua caratteristica di "dire" l'ineffabile attraverso immagini, divenendo molteplicità contrapposta ad unità.

Dall'analisi compiuta fin qui emerge chiaro come Giovanni Scoto non solo operi un'indagine linguistica sul significato di "simbolo" e "simboleggiato", adoperando una relazione di similitudine, ma individua un legame metaforico tra realtà determinata ed essenza divina, in una descrizione. Impiegando attributi finiti per descrivere la realtà infinita, il maestro palatino evidenzia un legame ontologico tra la trascendenza e l'immanenza.

A ben ragione la tradizione neoplatonica può essere considerata la fonte principale per ciò che si è definita "teoria del simbolo".

> «Con Giovanni Scoto l'Occidente vede rivivere, come vera filosofia e come risultato della vera ragione, tutto l'essenziale delle concezioni platoniche, profondamente alterare dall'dea cristiana e gnostica della fine dei tempi. L'eriugenismo ha come sua caratteristica essenziale quella di sostituire alla fede e all'esperienza religiosa la considerazione della struttura metafisica delle cose e

---

215 Cf. *Ibid.*, VI, 49ss.

216 F. PAPARELLA, *Le teorie neoplatoniche del simbolo: il caso di Giovanni Eriugena*, p. 117. Cf. JOHANNES SCOTTUS SEU ERIUGENA, *Expositiones in ierarchiam coelestem,* XV.

di sostituire al dramma personale e individuale della salvezza la necessità universale di una legge che fa ritornare tutto al suo principio»[217].

[217] E. BRÈHIER, *La filosofia del Medioevo*, p. 79.

Conclusione

L'analisi delle due opere *Περὶ τῆς Οὐρανίας Ἱεραρχίας* e il suo commento medievale *Expositiones in ierarchiam coelestem*, aventi come oggetto la gerarchia angelica, ha messo in evidenza come lo pseudo-Dionigi incarni la figura di un pensatore innovativo, il quale collegando intelligentemente il neoplatonismo al cristianesimo, riesce ad integrare il primo nel secondo. Svuotando il neoplatonismo della tradizione antico-pagana, cristianizza il pensiero platonico.

Se da un lato questo processo fornì al Cristianesimo strumenti e categorie utili per delineare la dottrina, dall'altro causò ambiguità ed ambivalenza, non solo in Oriente ma anche in Occidente. Nel Medioevo fiorirono numerose traduzioni in latino del *Corpus Dionysiacum,* fornendo quasi tutte le biblioteche medievali di almeno un esemplare delle opere dell'anonimo greco. L'influsso che lo pseudo-Dionigi ebbe soprattutto su Giovanni Scoto venne preparato dal culto di Dionigi, sviluppato principalmente nell'abbazia di Saint-Denis a Parigi e nel monastero di Sankt Emmeran a Ratisbona. Il dato agiografico mette in evidenza come dottrina, culto e tradizione siano nomi inscindibili nel Cristianesimo antico.

L'influsso dello pseudo-Dionigi si ebbe, nell'ambito dell'insegnamento della Chiesa, soprattutto circa alcuni aspetti della riflessone filosofica medievale, e in particolare eriugeniana:

1. la metafisica dell'immagine

Vi è una conoscenza dell'esistenza di Dio attingibile dalla sua manifestazione nel mondo, che è avvenuta tramite immagini. In esse Dio ha riprodotto il proprio pensiero e nell'atto creativo l'uomo è un'immagine di un'immagine, la rappresentazione di un archetipo. Si produce così una gerarchia dell'essere tra archetipo, prototipo ed icona. Il primo è l'idea di Dio; il secondo la realtà particolare secondo l'idea; il terzo è l'immagine realizzata della realtà particolare. In questa concezione dionisiana si muove la teoria del simbolo di Giovanni Scoto.

2. *Analogia entis*

Il risultato dell'insegnamento cristiano, influenzato dal *Corpus Dionysiacum*, si è tradotto nella formulazione della 'dissimile somiglianza' dell'essere creato. L'uomo conosce Dio solo per analogia, in misura delle sue capacità di comprensione umana. Si conosce Dio per analogia dell'intero universo, opera della sua azione creatrice che contiene immagini e somiglianze degli archetipi divini. L'idea realizzata attraverso l'atto di volontà divino è solo una somiglianza delle cose create all'idea stessa. Ciò comporta una non perfetta identità tra le cose causate e la loro causa, ma una 'dissimile somiglianza'. Sia nel concetto di creazione, sia nella sua presentazione della conversione del creato, Giovanni Scoto si appoggia al modello dionisiano.

3. Concezione ontologica

Sia l'autore anonimo del *Corpus* che il *magister* irlandese risolvono il problema dell'unicità e della differenza ontologica, risolvendo la molteplicità nell'unità. Dio racchiude in sé tutto e abbraccia tutto ciò che è uscito dalle sue mani. Sfiorando una posizione panteistica, Giovanni Scoto afferma un'identità tra Dio e la sua creazione.

4. Le due vie verso Dio

Mettendo in luce il rapporto tra conoscenza ed amore, ampiamente trattato dallo pseudo-Dionigi, molti autori medievali arrivano alla conclusione che la conoscenza è superata dall'amore. L' uomo con la sua ragione, può esplorare cosa sia Dio solo se riconosce ciò che Egli non è (via negativa). L'uomo, attraverso l'amore beato, distingue per mezzo della *ignorantia* chi Dio è. *Amor ipse intellectus est*: una forma di conoscenza.

5. Il discorso simbolico

Come la via negativa supera la via positiva, così il discorso simbolico si affianca a quello negativo (Cf. CH II, 13, 7-9). Ciò emerge con una spiccata chiarezza letteraria dall'analisi che l'irlandese fa nei capitoli centrali al suo commento nella gerarchia celeste. Giovanni Scoto, seguendo l'analisi dionisiana delle gerarchie celesti, evidenzia come il linguaggio simbolico non solo sveli Dio come il nascosto (*absconditus*), ma lo ponga come l'indicibile, indicandolo come 'altro' rispetto a ciò che appare. Il nostro autore arriva, sulla scorta dell'autore greco, ad affermare che non è possibile mostrare alcuna immagine che permetta di riconoscere Dio veramente come è. Per questo motivo nell'opera di Dionigi - e di conseguenza nel suo commento - si preferisce il silenzio, momento principale dell'unità, dimostrazione dell'assoluta trascendenza di Dio, Primo Principio. Il silenzio è l'unico atteggiamento appropriato per affermare l'indicibile, per parlare di Dio senza nominarlo.

La fortuna dello pseudo-Dionigi, costituita da quattro trattati e dieci lettere, non è tanto da ricercare nell'indagine sull'ignoto compilatore, ma sull'enorme propagazione e ricezione che ebbero, dalla loro apparizione poco dopo il 500 e fino al XX sec., paragonabile a quella di Aristotele ed Agostino.

Al termine del presente lavoro – che ha trattato della tradizione dionisiana recepita nel Medioevo con l'*auctoritas* di Dionigi, discepolo di Paolo ad Atene – si è voluto evidenziare come il punto più importante è rappresentato dagli effetti speculativi che il *Corpus Dionysiacum* ebbe sul modo di pensare medievale, mettendo in secondo piano la questione dell'autore e in primo piano il contributo che quest'opera diede al "modo di fare filosofia" di diversi secoli.

Bibliografia

A) FONTI

1. DIONIGI AREOPAGITA, *Tutte le opere*, trad. di P. Scazzoso, introd. di G. Reale, Bompiani, Milano 2009.

- *De coelestis hierarchia*

CH I, 2
CH I, 3 (124 A)
CH II, 4-5
CH IV, 1 (177 C)
CH IV 3 (22,20-22)
CH 165 B 3-11
CH VII, 1 (205 B)
CH VII, 1 (205 C)
CH VII, 1 (205 D)
CH VII, 2 (208 C)
CH VII, 3 (30, 1-3, 5)
CH VIII, 1 (237 C)
CH VIII, 1 (240 A)
CH IX, 1 (257 B)
CH IX, 2 (257 C)
CH IX, 2 (260 A)
CH IX
CH IX, 4 (261 D)
CH XI 2 (41, 22-42, 7)
CH XIII, 4 (308 A B)

- *De ecclesiastica hierarchia*

EH I, 3 (8,14-15)
EH I 4, 376 B-C
EH II, 1
EH III, 2
EH VII 2, 556 D
EH VII 3, 9, 565 B
EH VIII, 2 (35, 22-23)
EH 372 C. 373 A
EH 373 A-B
EH 376 B-377 A
EH 401 C, 5
EH 433 C, 7

- *Epistolae*

Ep. II (1068A-1069A) 158,1

2. JOHANNES SCOTTUS SEU ERIUGENA, *Expositiones in ierarchiam coelestem*, ed. J. Barbet, Turnhout 1985 (CCCM, 31).

I, 2
I, 1, 1, 127AB
I, 11, 2
I, 130 C-131 A
I, 139 C-140 A
I, 542-545. 550-561
I, 256-282
I, 355-384
I, 387
I, 262
I, 261
I, 469-546
II, 728-729
II, 1164
II, 756ss.
II, 947-950
II, 1014ss.
II, 1047-1053
IV, 310-510
X

3. PORFIRIO, *Vangelo di un pagano*, a cura di A. R. Sodano, Bompiani, Milano 2006.

4. PROCLO, *Teologia platonica*, trad., note e apparati di M. Abbate, introd. di G. Reale, Bompiani, Milano 2012.

5. ID., *Commento alla Repubblica di Platone*, saggio introduttivo, traduzione e commento di M. Abbate, pref. di M. Vegetti, Bompiani, Milano 2014.

6. GIAMBLICO, *Summa pitagorica*, introd., trad., note e apparati di F. Romano, Bompiani, Milano 2012.

A) STUDI

- MONOGRAFIE

ABBATE M., *Tra esegesi e teologia. Studi sul Neoplatonismo*, Mimesis, Milano 2012.

ID., *Il divino tra unità e molteplicità. Saggio sulla Teologia Platonica di Proclo*, Edizioni dell'Orso, Alessandria 2008.

BEIERWALTES W., *Platonismo nel Cristianesimo*, Vita e Pensiero, Milano 2000.

BISOGNO A., *Da Boezio ad Anselmo d'Aosta* in G. CAMBIANO-L. FONNESU-M. MORI (curr.), *Medioevo e Rinascimento*, Il Mulino, Bologna 2014.

ID., *Il metodo carolingio. Identità culturale e dibattito teologico nel secolo nono,* Brepols, Turnhout 2008.

ID., Sententiae philosophorum. *L'alto Medioevo e la storia della filosofia*, Città Nuova, Roma 2011.

BRÈHIER E., *La filosofia del Medioevo,* Giulio Einaudi, Torino 1980.

CAPONE S. A., *Credo la Chiesa: primi passi di una formula. Nella teologia dei Padri* d'Oriente, Edizioni Sant'Antonio, Saarbrücken 2017.

DAVY M.-M., *Iniziazione al Medioevo. La filosofia nel secolo dodicesimo,* Jaca Book, Milano 1981.

D'ONOFRIO G., Vera philosophia. *Studi sul pensiero cristiano in età tardo-antica, alto-medievale e umanistica*, Città Nuova, Roma 2013.

DE PIANO S., *Dalle ipotesi alle ipostasi: il Libro VI del* Commentario *di Proclo al* Parmenide *di Platone*, in Princeps Philosophorum. *Platone nell'Occidente tardo-antico, medievale e umanistico*, a cura di M. M. Borriello e A. M. Vitale, Città Nuova, Roma 2016.

FIEDROWICZ M., *Teologia dei Padri della Chiesa. Fondamenti dell'antica riflessione cristiana sulla fede*, Queriniana, Brescia 2010.

FILORAMO G., *La croce e il potere. I cristiani da martiri a persecutori*, Laterza, Bari 2011.

GADAMER H. G., *Verità e Metodo,* Bompiani, Milano 1960.

LE GOFF J., *L'uomo medievale,* Laterza, Roma-Bari 1990.

LILLA S., *Dionigi l'Areopagita e il platonismo cristiano*, Morcelliana, Brescia 2005.

MAINOLDI E. S., *Dietro 'Dionigi l'Areopagita'. La genesi e gli scopi del* Corpus Dionysiacum, Città Nuova, Roma 2018.

MAZZUCCHI C. M., *Dionigi Areopagita. Tutti gli scritti*, Bompiani, Milano 2009.

MORESCHINI C., *Storia del pensiero cristiano tardo-antico*, Bompiani, Milano 2013.

OSBORN E., *L'ingresso del mondo greco-romano*, in A. DI BERNARDINO-B. STUDER (curr.), *Storia della teologia,* I, Piemme, Casale Monferrato 1993.

PAPARELLA F., *Le teorie neoplatoniche del simbolo: il caso di Giovanni Eriugena*, Vita e Pensiero, Milano 2008.

RAHNER H., *Simboli della Chiesa: l'ecclesiologia dei Padri*, San Paolo, Cinisiello Balsamo 1995.

SINISCALCO P., *Il cammino di Cristo nell'impero romano*, Laterza, Roma-Bari 2009.

SIMONETTI M. –PRINZIVALLI E., *Letteratura cristiana antica*, I, Piemme, Casale Monferrato 1996.

SUCHLA B. R., *La teologia filosofica di Dionigi l'Areopagita e la sua recezione nell'occidente latino* in I. BIFFI – C. MARABELLI (curr.), *Fondamenti e inizi (IV-IX secolo),* Jaca Book-Città Nuova, Milano-Roma 2009.

TAVOLARO A., *Lo Pseudo Dionigi Areopagita. Dalla* Hierarchia *alla* Theologia, Diss., Università degli Studi di Salerno, Anno Accademico 2012-2013.

U. ECO, *Sugli specchi e altri saggi*, Bompiani, Milano 1985.

VON CAMPENHAUSEN H., *I Padri greci*, Paideia, Brescia 1967.

- **PERIODICI E ATTI DI CONVEGNI**

BONFIGLIOLI S. - MARMO C., *Symbolism and Linguistic Semantics. Some Questions (and Confusions) from Late Antique Neoplatonism up to Eriugena*, in *Vivarium* 45 (2007), pp. 238-239.

D'ONOFRIO G., Inoperans gratia. *Problemi del neoplatonismo cristiano ed ermeneutica trinitaria di atto e potenza in Giovanni Scoto Eriugena,* in Atti del colloquio internazionale su l'atto aristotelico e le sue ermeneutiche (Laterano, 17-19 gennaio 1989), a cura di M. S. Sorondo, Herder, Roma 1990, pp. 347-348.

P. SCAZZOSO, *La teologia antinomica dello Pseudo-Dionigi I*, in *Aevum* 49 (1975), p. 1-12.

FIORI E., *Damascio, autore del Corpus dionysiacum*, in *Adamantius* 14 (2008), pp. 670-673.

SCAZZOSO P., *Valore del superlativo nel linguaggio pseudo-dionisiano*, in *Aevum* 32 (1958), pp. 435-446.

- **DIZIONARI**

s.v. *inculturazione,* in http://www.treccani.it/enciclopedia/neoplatonismo/ [accesso: 21.02.2018].

s.v. *fortuna* in http://www.treccani.it/vocabolario/fortuna/ [accesso: 26.07.207].

s.v. *neoplatonismo* in http://www.treccani.it/enciclopedia/neoplatonismo/ [accesso: 21.02.2018].

NUZZO M., s.v. *settemplice*, in *Dizionario della lingua italiana*, Marotta Editore, Napoli 1978, p. 1445.

GUGLIELMINETTI E. (cur.), s.v. *fortuna*, in *Spazio Filosofico 3* http://www.spaziofilosofico.it/wp-content/uploads/2014/10/SPAZIOFILOSOFICO12.pdf [accesso: 26.07.2017].

- **SITOGRAFIA**

A. PALUSINSKA, *Dionigi Areopagita e la sua teoria del simbolo* in https://www.academia.edu/3018416/Dionigi_Areopagita_e_la_sua_teoria_del_simbolo_unpublished [accesso: 10.04.2017].

http://www.mirabileweb.it/title/expositiones-in-caelestem-hierarchiam-title/6264 accesso [20.04.2018].

Indice

yes
I want morebooks!

Compra i tuoi libri rapidamente e direttamente da internet, in una delle librerie on-line cresciuta più velocemente nel mondo! Produzione che garantisce la tutela dell'ambiente grazie all'uso della tecnologia di "stampa a domanda".

Compra i tuoi libri on-line su

www.get-morebooks.com

Buy your books fast and straightforward online - at one of the world's fastest growing online book stores! Environmentally sound due to Print-on-Demand technologies.

Buy your books online at

www.get-morebooks.com

SIA OmniScriptum Publishing
Brivibas gatve 1 97
LV-103 9 Riga, Latvia
Telefax: +371 68620455

info@omniscriptum.com
www.omniscriptum.com

Printed by Books on Demand GmbH, Norderstedt / Germany